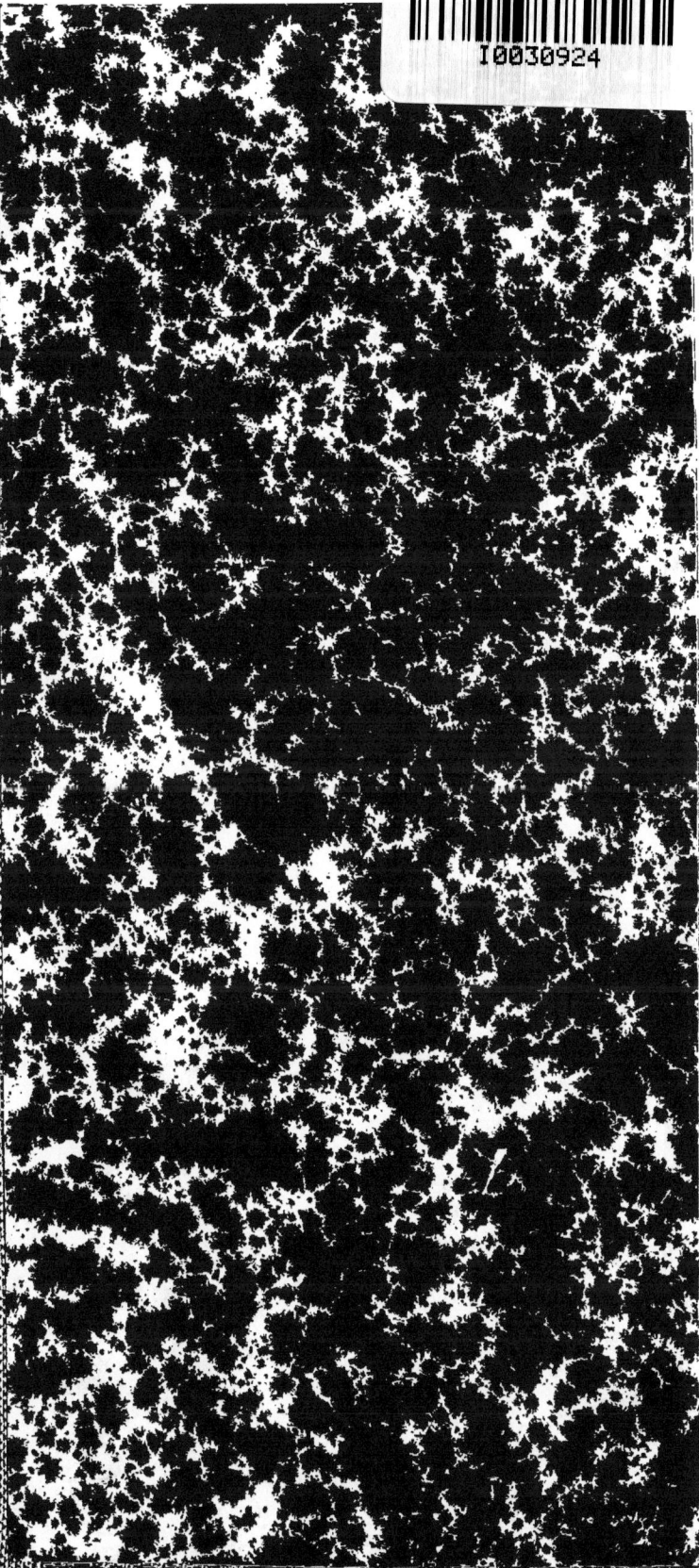

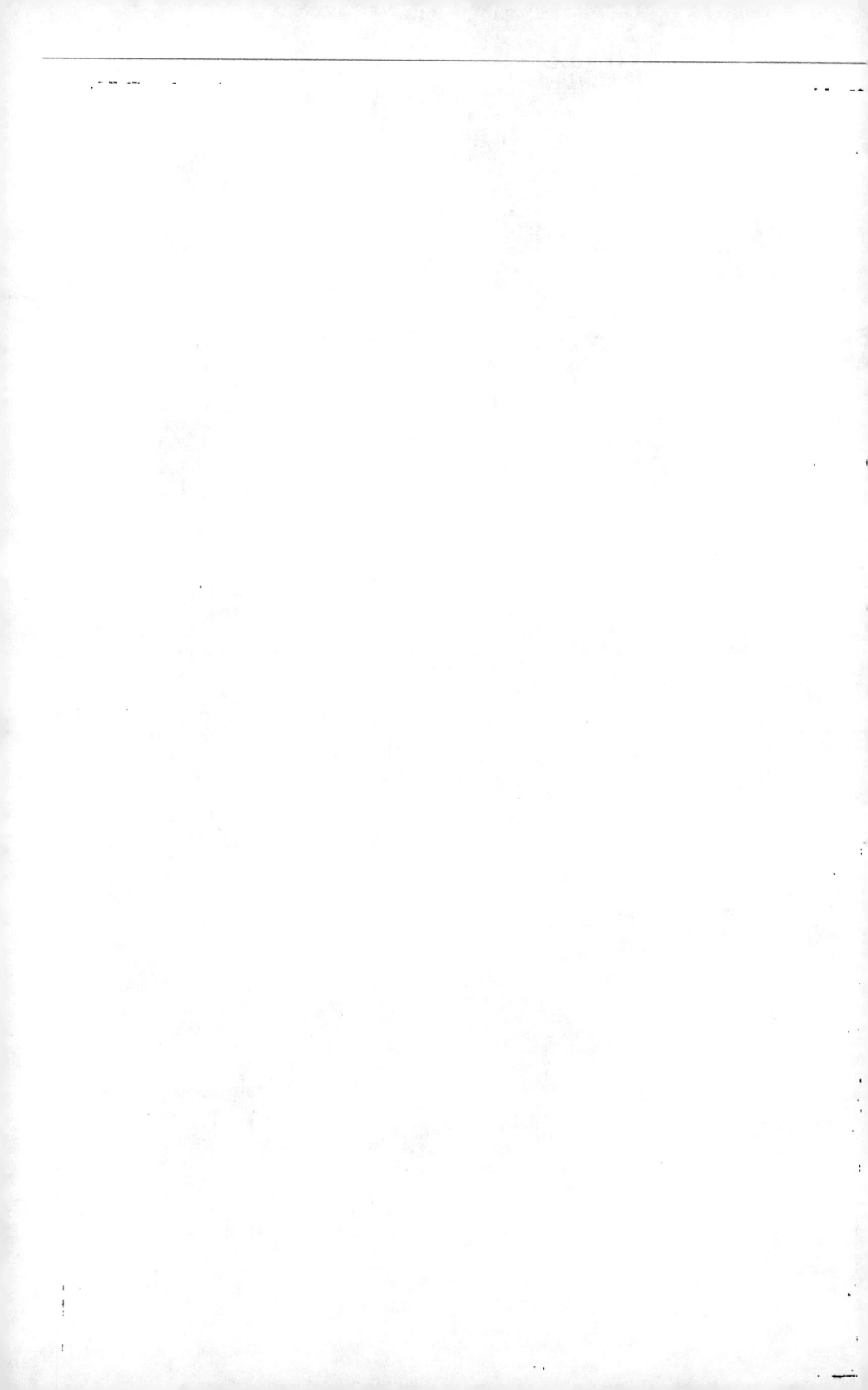

DE LA

RESPONSABILITÉ CIVILE

DES NOTAIRES

PAR

Joseph TRÉCA

DOCTEUR EN DROIT

———————⊙————————

PARIS

LIBRAIRIE NOUVELLE DE DROIT & DE JURISPRUDENCE

ARTHUR ROUSSEAU, ÉDITEUR

14, RUE SOUFFLOT, ET RUE TOULLIER, 13

—

1899

THÈSE

POUR LE DOCTORAT

3o3S

UNIVERSITÉ DE PARIS. — FACULTÉ DE DROIT

DE LA
RESPONSABILITÉ CIVILE
DES NOTAIRES

THÈSE POUR LE DOCTORAT

L'Acte public sur les Matières ci-après sera soutenu le
Mardi 21 Mars 1899, à 10 heures.

PAR

Joseph TRÉCA

Président : M. MASSIGLI

Suffragants : { MM. Léon MICHEL,
WEISS, } *professeurs*

PARIS
LIBRAIRIE NOUVELLE DE DROIT & DE JURISPRUDENCE
ARTHUR ROUSSEAU, ÉDITEUR
14, RUE SOUFFLOT, ET RUE TOULLIER, 13

1899

A MA GRAND'MÈRE

A MON PÈRE ET A MA MÈRE

Témoignage de respectueuse reconnaissance et d'amour filial.

A TOUS LES MIENS

A MES MAITRES ET A MES AMIS

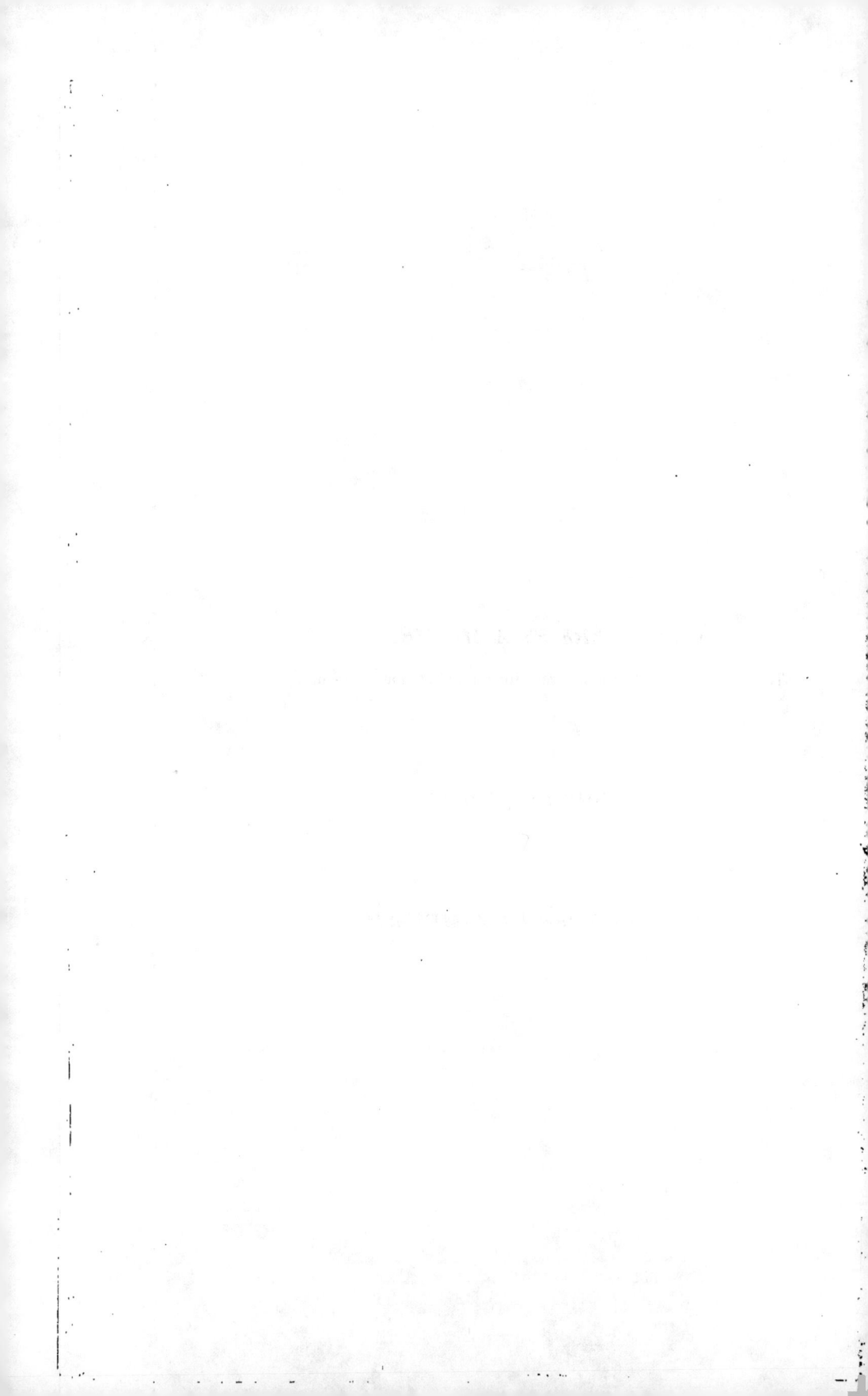

DE LA

RESPONSABILITÉ CIVILE

DES NOTAIRES

INTRODUCTION

« Les notaires sont des fonctionnaires publics éta-
« blis pour recevoir tous les actes et contrats auxquels
« les parties doivent ou veulent faire donner le carac-
« tère d'authenticité attaché aux actes de l'autorité
« publique et pour en assurer la date, en conserver le
« dépôt, en délivrer des grosses et des expéditions. »
(Loi du 25 Ventôse an XI, article 1er).

D'après cette définition, les particuliers doivent ou
peuvent, suivant les cas, recourir au ministère des
notaires pour rédiger leurs conventions ou même
leurs simples déclarations.

Ils le doivent pour un certain nombre d'actes que
la loi a jugés particulièrement délicats et pour lesquels
elle a pensé que la présence du notaire serait une précieuse garantie : aussi a-t-elle décidé que ces actes
n'auraient aucune valeur, s'ils n'étaient passés dans la

1.

forme authentique, devant notaire. Les plus importants de ces actes sont : les contrats de mariage, les
donations entre-vifs, les constitutions d'hypothèque,
les subrogations conventionnelles consenties par le
débiteur, les subrogations à l'hypothèque légale de la
femme mariée, les actes respectueux.

En ce qui concerne les autres contrats, les particuliers sont libres de les rédiger eux-mêmes ; mais en
fait, bien souvent, à cause des avantages que présente
l'acte notarié (1), les parties ne se contenteront pas
d'un acte sous seing privé et s'adresseront à un notaire
pour qu'il revête leur convention du caractère authentique.

Même en l'absence de tout accord de volontés à
consigner, les notaires sont fréquemment chargés de

(1) Les principaux avantages de l'acte authentique sont les suivants :

1° Il fait pleine foi de sa date et des mentions qu'il renferme même à
l'égard des tiers et jusqu'à inscription de faux pour les faits constatés
propriis sensibus par l'officier public : l'acte sous seing privé n'a de date
contre les tiers que du jour où il a été enregistré, ou du jour de la mort
d'un de ceux qui l'ont souscrit, ou du jour où la substance est constatée
dans un acte authentique ; de plus il ne fait foi de son contenu que jusqu'à
preuve contraire ;

2° L'acte authentique permet au créancier, dès qu'il s'est fait délivrer
une copie appelée *grosse*, de poursuivre directement l'exécution de l'obligation ; le porteur d'un sous-seing privé devra obtenir un jugement de
condamnation qui lui servira de titre exécutoire ;

3° La conservation des conventions faites par acte authentique est assurée
par les soins du notaire ; les actes sous seing privé sont exposés à bien
des chances de perte, de soustraction, de détérioration ;

4° Les actes authentiques rédigés par des hommes de loi, au courant des
affaires, donneront moins souvent lieu à des difficultés d'interprétation et
à des procès que les sous seing privé dont les signataires n'auront pas
toujours suffisamment pesé la valeur des termes employés.

missions très variées ou appelés à donner leurs conseils sur une foule d'opérations qui intéressent la fortune et quelquefois même la paix et le bonheur des
familles.

Ces fonctionnaires jouent donc un rôle important
dans notre société : qu'on nous permette de transcrire ici une page qui nous a paru parfaitement exposer
le concours précieux qu'ils nous prêtent dans les circonstances les plus diverses.

« C'est par le ministère des notaires que nos con-
» ventions s'établissent et se perpétuent ; c'est lui qui
» donne aux conventions matrimoniales ce caractère
» qui garantit l'accord des nouveaux époux et le sort
» des enfants qui seront le fruit de leur union ; c'est
» lui qui règle toutes nos relations de bons offices dans
» les donations, les dépôts, les mandats ; il préside à
» nos relations commerciales dans la vente, l'échange,
» le louage ; il constate les biens des successions, en
» opère le partage entre les héritiers et assure à
» chacun la portion qui lui revient. Par des transac-
» tions salutaires, il étouffe à leur naissance ou termine
» avant les tribunaux contentieux, les procès désas-
» treux qui ne laisseraient le plus souvent aux vain-
» queurs et aux vaincus que des regrets et des larmes.
» Ce n'est pas au seul temps de notre existence que se
» borne l'influence du ministère du notaire, elle s'é-
» tend encore au-delà. Ainsi quand nous sommes au
» terme de notre carrière, le notaire recueille les restes

» de notre volonté mourante et quand la tombe s'est
» refermée sur nous, quand nous paraissons voués à
» un éternel oubli, il nous évoque du sein des tom-
» beaux et nos volontés dernières reçoivent de lui tous
» les caractères d'une volonté légale (1) ».

On comprend que l'intervention du notaire dans des
cas si multiples et si graves dans leurs conséquences
sera susceptible d'entraîner pour lui une responsabilité
très étendue s'il néglige quelqu'un des devoirs que la
loi lui a tracés.

Pour ses manquements graves, le Code pénal lui
inflige comme aux autres fonctionnaires publics de
sévères châtiments, par exemple les travaux forcés à
perpétuité pour le crime de faux (art. 145), les travaux
forcés à temps pour suppression de pièces dont il est
dépositaire (art. 255), etc...

Mais le législateur a pensé que le notariat constituant un rouage si important pour la marche régulière
des affaires du pays, il importait qu'il fonctionnât lui-
même avec la plus parfaite correction : aussi a-t-il
complété son œuvre de répression en édictant des
mesures disciplinaires contre les actes même simplement indélicats qui resteraient impunis chez les
autres citoyens.

En dehors de cette responsabilité pénale qui, nous
le voyons, est d'autant plus rigoureuse que leurs

_____

(1) LONET, *Éléments de Science notariale.*

crimes et délits peuvent avoir des conséquences plus funestes, les notaires sont exposés aux réclamations des particuliers que leurs agissements auraient lésés : c'est la *responsabilité civile.*

On entend en effet, en général, par responsabilité l'obligation de réparer le préjudice dont on est l'auteur et spécialement par responsabilité civile l'obligation de réparer au moyen d'une indemnité pécuniaire le dommage causé aux individus.

Et la définition générale que nous venons de donner de la responsabilité d'après Sourdat (1) convient aussi bien à la responsabilité pénale ou disciplinaire que nous envisagions plus haut, la responsabilité pénale consistant, toujours d'après le même auteur, à subir une peine afflictive ou infamante pour réparer le préjudice causé à la société dans l'ordre moral, et la responsabilité disciplinaire, pouvons-nous ajouter, étant plus spécialement la réparation des atteintes portées à la dignité de la corporation par les indélicatesses plus ou moins graves d'un de ses membres.

Laissant de côté la responsabilité pénale et disciplinaire dont l'application ne soulève guère de difficultés, nous nous proposons d'étudier la responsabilité civile qui, à raison de son importance pratique et des nombreuses controverses auxquelles elle donne lieu dans la doctrine et la jurisprudence, présente beaucoup plus d'intérêt.

(1) *Traité de la Responsabilité*, t. 1, nᵒˢ 1 et 2.

La nécessité de réparer le dommage que l'on a causé
dérive bien du droit naturel et se retrouve dans toutes
les législations. Elle faisait l'objet en droit romain de
la célèbre loi Aquilia qui punissait le *damnum injuria
datum*. Cette expression latine nous permet de faire
remarquer de suite que le dommage pour obliger celui
qui l'a commis à le réparer doit présenter un caractère
particulier : il doit être causé injustement, sans droit :
en effet « *neminem lœdit qui jure suo utitur* »; l'exercice régulier d'un droit peut bien causer un dommage, mais qui n'engagera pas la responsabilité civile
de son auteur et dont nul ne pourra se plaindre. Il
faut, pour entraîner des dommages-intérêts, qu'il y
ait un fait injuste, contraire à la loi, en un mot une
faute. La faute peut consister dans une action ou une
omission, dans l'accomplissement d'un acte prohibé par
la loi ou l'accomplissement d'un acte qu'elle ordonne.

Donc deux éléments sont essentiels pour rendre une
personne civilement responsable vis-à-vis d'une autre :
un dommage et une faute.

Mais ces deux éléments ont chacun une influence
différente selon qu'ils interviennent à propos ou en
dehors d'un contrat.

Quand l'auteur du dommage et sa victime sont liés
par un contrat ou un quasi-contrat, la faute consiste
pour le débiteur à ne pas exécuter ou à mal exécuter
son obligation ; sa responsabilité a sa source dans le
contrat, elle est contractuelle et est visée par l'ar-

ticle 1137 du Code civil, duquel il résulte que le débiteur doit apporter à l'exécution de son obligation tous les soins d'un bon père de famille (1).

Quand, au contraire, en l'absence de tout contrat, un dommage est commis injustement, on dit qu'il y a délit s'il est causé avec intention de nuire et quasidélit si cette intention manque. La responsabilité encourue en ce cas, ou responsabilité délictuelle, dérive des articles 1382 et 1383 du Code civil ainsi conçus : *Tout fait quelconque de l'homme qui cause à autrui un dommage oblige celui par la faute duquel il est arrivé à le réparer.*

Chacun est responsable du dommage qu'il a causé non seulement par son fait, mais encore par sa négligence ou son imprudence.

En comparant l'article 1137 avec les articles 1382, 1383 on peut voir que la loi est plus large en cas de responsabilité contractuelle qu'en cas de responsabilité délictuelle.

La faute délictuelle, si petite soit elle, engagera la responsabilité de son auteur ; la faute contractuelle, au contraire, ne le rendra passible de dommages-intérêts que si elle est de telle nature qu'un bon père de famille ne l'aurait pas commise.

Mais que veut-on dire par là ? La faute est suscep-

---

(1) Nous généralisons la formule de l'art. 1137 qui est relatif aux obligations de donner et qui parle spécialement de l'obligation pour le débiteur de conserver la chose, mais tout le monde s'accorde à étendre l'application de cet article à toute autre obligation de faire, car il n'y a pas de motif pour distinguer (Cf. Baudry-Lacantinerie, *Précis de droit civil*, II, n° 869).

tible de bien des degrés. Depuis le dol qui est la faute
par excellence jusqu'à la simple négligence qu'un administrateur parfait saurait seul éviter, il y a place pour
bien des variétés. Le législateur estime que dans les
contrats on ne devra tenir compte que de la faute qu'un
bon père de famille, autrement dit un administrateur
prudent, ne commettrait pas ; c'est-à-dire de la *culpa
levis in abstracto.* Le Code n'a pas admis la distinction
entre les trois sortes de fautes que Pothier et nos anciens jurisconsultes avaient cru, à tort d'ailleurs, pouvoir tirer des textes du droit romain et dont nous ne
parlerons pas en conséquence. Mais la règle posée dans
l'article 1137 subit certaines modifications relativement
à quelques contrats, où la responsabilité sera soit ag-
gravée, comme dans le prêt à usage, soit au contraire
allégée, comme dans le dépôt.

Outre cette différence entre la responsabilité délictuelle et la responsabilité contractuelle quant à la
manière d'apprécier la faute, il en existe une autre
quant au taux des dommages-intérêts. En cas de
faute délictuelle, c'est la réparation complète du
dommage éprouvé qui doit être procurée. Au contraire, en cas de faute contractuelle, c'est seulement
ce qui a pu être prévu lors du contrat qui peut être
réclamé, à moins qu'il n'y ait eu dol (art. 1150 Code
civil).

Enfin il faut signaler une troisième différence entre
les deux sortes de responsabilité relativement à la

preuve. En matière contractuelle, c'est au débiteur de prouver qu'il n'est pas en faute ; la faute délictuelle doit au contraire être prouvée par le demandeur en dommages-intérêts.

Tel est le droit commun sur la responsabilité civile. Le législateur a-t-il établi des règles exceptionnelles en ce qui concerne les notaires ? C'est ce que nous allons nous demander. Mais il est clair que si ces fonctionnaires, ainsi que nous nous efforcerons de le démontrer, sont soumis à une législation spéciale quant à l'exercice de leur ministère, ils retombent sous l'application de la loi commune dès que, sortant de leurs fonctions officielles, ils accomplissent comme particuliers des actes que tout le monde peut faire. Or, à cause de leur situation, ils doivent souvent se charger d'opérations qui ne rentrent pas dans les attributions de leur ministère, tel qu'il est défini par la loi du 25 Ventôse an XI : dans l'intérêt de leurs clients ils peuvent devenir mandataires, dépositaires, gérants d'affaires et ils seront soumis, dans ce cas, à la responsabilité contractuelle du droit commun.

Nous allons donc soigneusement distinguer les deux sortes de responsabilités et nous occuper d'abord de déterminer la nature et l'étendue de la responsabilité professionnelle du notaire et d'énumérer les principaux cas où elle se présente.

Puis nous montrerons quelles sont les conditions nécessaires pour donner naissance à la responsabilité contractuelle et comment on doit lui faire l'application du droit commun.

Enfin nous verrons la procédure de l'action en responsabilité, les règles étant les mêmes pour les deux cas de responsabilité.

PREMIÈRE PARTIE

RESPONSABILITÉ PROFESSIONNELLE

———

Le principe de la responsabilité civile des notaires comme officiers publics est manifestement reconnu par la loi du 25 Ventôse an XI, qui décide dans son article 33 que les notaires seront assujettis à un cautionnement spécialement affecté à la garantie des condamnations prononcées contre eux par suite de l'exercice de leurs fonctions.

Mais quand on recherche les textes qui établissent la mesure de cette responsabilité et en font l'application, on est embarrassé. Ce n'est pas qu'ils fassent défaut, mais les termes dans lesquels ils sont conçus, étant peu précis, soulèvent des difficultés nombreuses que nous aurons à résoudre.

Auparavant il convient de jeter un coup d'œil sur la situation qui était faite aux notaires dans les législations passées relativement à leur responsabilité professionnelle. Cette étude pourra nous fournir quelque lumière pour élucider ce que nos lois présenteraient d'obscur ; notamment les données de notre ancien droit français nous permettront de combler les lacunes

de notre droit moderne car, dans cette matière, la tradition peut être légitimement invoquée sur les points
que notre législateur n'a pas formellement modifiés ;
le notariat eut en effet le privilège de traverser la
période révolutionnaire sans être remanié de fond en
comble, suivant le témoignage du tribun Favard qui,
dans la séance du 21 Ventôse an XI, commençait ainsi
son rapport : « Tribuns, toutes les institutions qui
avaient vieilli avec la monarchie ont été détruites ou
réformées : celle du notariat est la seule qui se soit
soutenue au milieu des décombres de la révolution
sans avoir été réorganisée » (1).

HISTORIQUE

Droit romain.

Le *notarius* chez les Romains ne jouait guère que
le rôle de secrétaire, de sténographe, prenant des
notes pour rédiger le récit de faits dont on voulait
conserver la trace ; malgré son nom il ne peut donc
offrir d'analogie avec le notaire actuel.

D'autres scribes appelés *tabularii* (à cause des ta-
blettes sur lesquelles ils écrivaient) ou *logographi*
(écrivant aussi vite que l'on parle) remplissaient certaines fonctions ressemblant davantage à celles de nos
notaires : ils constataient notamment par écrit les

(1) DALLOZ, *Rép.* Vᵒ *Notaire.* XXXII, p. 581.

conventions intervenues entre particuliers, recevaient
le testament de l'aveugle (1), dressaient les inventaires
des biens des mineurs ou des héritiers bénéficiaires (2);
mais comme ils étaient, à l'origine du moins, des
esclaves publics, il n'était pas question pour eux de
responsabilité civile. Ce n'est qu'à partir de l'an 401
après J.-C., en vertu de la Constitution des Empereurs
Honorius et Arcadius (3), que ces fonctions ne purent
être confiées qu'à des hommes libres.

Enfin, il y avait à Rome les *tabelliones* dont le rôle
se rapproche le plus de celui des notaires modernes :
ils recevaient les actes devant témoins et leur confé-
raient une certaine authenticité ; selon toutes proba-
bilités, ils ne furent jamais recrutés parmi les esclaves ;
mais les lois romaines sont muettes sur leur responsabilité. Il y a bien un passage dans le Code de Justinien (4) qui vise la responsabilité du *scribe* coupable
de négligence ou de dol dans l'inventaire des biens
d'un mineur et l'on a essayé d'en tirer une théorie
générale ; mais, ainsi que le montre l'hypothèse qu'il
prévoit, ce texte est bien spécial au *tabularius* qu'on
ne put d'ailleurs rendre responsable que dans le dernier état du droit, quand il eut la qualité d'homme
libre.

(1) Const. 8, C., *Qui facere testamentum possunt, vel non possunt*, VI, 22
et § IV, Inst., *Quibus non est permissum testamentum facere*, II, 12.
(2) Const. 22, § 2 C, *De Jure deliberandi...*, VI, 30.
(3) Const. 5, C. th., *De Tabulariis, logographis et censualibus*, VIII, 2 et
Const. 3, C. *De Tabulariis, scribis, logographis et censualibus*, X, 71.
(4) Const. 6, § I, C. *De magistratus conveniendis*, V, 75.

Les *tabelliones*, les notaires antiques, étaient donc, selon toute apparence, soumis au droit commun au point de vue de la responsabilité civile : la loi romaine s'est contentée d'édicter contre leur dol ou leur faute lourde des sanctions pénales qui, étrangères à notre étude, ne doivent pas nous arrêter.

Ancien droit français.

Il ne faut pas chercher avant Saint Louis de règles spéciales au notariat en France. Grégoire de Tours (1), le moine Marculphe (2), les Capitulaires de Charlemagne mentionnent bien l'existence des notaires à leur époque, mais ce n'étaient, comme les *notarii* romains, que des secrétaires dénués de tout caractère officiel.

A partir du xiiiᵉ siècle, sous l'influence du droit romain, des tabellions sont institués d'abord dans le midi pour recevoir les conventions des particuliers ; les notaires en général acquièrent une importance plus considérable : leurs actes sont qualifiés de « *instrumenta publica* », ils sont munis de la « *publica fides* », ils ont acquis la force probatoire ; les notaires deviennent officiers publics.

La célèbre ordonnance d'Amiens de juillet 1304 fixe les devoirs qui leur incombent en cette qualité, sans cependant poser de règles sur leur responsabilité

(1) *Historia Francorum*, IX, 26.
(2) *Formules*, , II, 8, nº 17.

civile. Ce n'est que dans l'ordonnance du 1er décembre
1437 que nous trouvons cette responsabilité formellement stipulée pour la première fois, mais pour un cas
spécial, la violation du secret des actes reçus par les
notaires. Aucune décision législative d'ordre général
n'intervint sur notre matière avant la déclaration du
Roi du 29 septembre 1722. Mais la doctrine et la jurisprudence s'accordaient pour ne rendre les notaires
responsables que de leur dol et de leur faute lourde
assimilée au dol ; on ne voulait pas leur reprocher les
suites de leur négligence ou de leur ignorance, « considérant, dit un auteur de l'époque (1), que s'ils pouvaient être poursuivis pour dommages et intérêts, en
conséquence des nullités qu'ils pourraient faire dans
les actes, il n'y a pas un notaire à qui ce malheur là
ne pût arriver par inadvertance, ce qui causerait la
perte de ses biens et de sa famille, et la Cour, quand ces
questions se présentent, a ordinairement égard aux circonstances ». Et ailleurs le même auteur (2) rappelle
que « les notaires ne sont point responsables des nullités qu'ils ont commises par impéritie dans les actes
qu'ils ont passés. A l'égard des dommages qu'ils
auraient causés par dol ou par une faute lourde qui
est en droit comparée au dol, ils sont toujours tenus
des dommages intérêts causés par ce moyen à l'un des
contractants ».

(1) CLAUDE DE FERRIÈRE, *Parfait notaire*, liv. I, ch. XVII.
(2) CLAUDE DE FERRIÈRE, *Dictionnaire de Droit et de Pratique*, Vᵒ *Notaire*,
t. II, p. 292.

L'ordonnance de 1722 dispose que « les notaires
demeurent responsables des dommages-intérêts que les
parties pourraient souffrir de la nullité de leurs actes. »

Malgré la généralité de ses termes, cette disposition
ne fut jamais appliquée rigoureusement, mais une
distinction s'introduisit à ce moment, en vertu de
laquelle il fallut tenir compte de la cause de la nullité
de l'acte pour savoir si le notaire était responsable
même de sa simple faute. Il l'était, si l'acte était nul
pour inobservation des formalités établies par les
ordonnances que le notaire ne pouvait de par sa profession ignorer ; au contraire, la nullité provenait-elle
d'une infraction aux règles générales du droit, les
parties devaient s'en prendre à elles-mêmes d'avoir
méconnu la loi et l'on continua de n'admettre la responsabilité du notaire qu'en cas de dol ou de faute
lourde.

Droit intermédiaire.

Enfin le décret du 29 septembre — 6 octobre 1791
fit encore un peu plus que d'admettre la responsabilité
civile des notaires, quoiqu'il ne la formule pas expressément ; mais il la suppose nécessairement, en obligeant
chaque notaire à déposer au Trésor *à titre de garantie
des faits de ses fonctions*, un fonds de responsabilité
en deniers.

L'Assemblée Constituante n'apporta pas d'autre innovation à l'état de choses qui, nous le voyons, était très favorable aux notaires.

Nous arrivons ainsi à la loi du 25 Ventôse an XI qui forme actuellement notre Code du Notariat et dont nous devons dégager les principes qui régissent aujourd'hui la responsabilité civile des notaires. Malheureusement les textes relatifs à cette responsabilité sont assez vagues, nous l'avons dit, et soulèvent un certain nombre de difficultés. Nous allons nous efforcer de les aplanir et pour cela nous demander d'abord quelle est la nature et l'étendue de la responsabilité professionnelle d'après la loi de Ventôse, puis nous en ferons l'application aux cas qui se présentent le plus ordinairement ou qui donnent lieu à quelque difficulté.

CHAPITRE Ier

— — —

Nous avons vu les différences qui séparent la responsabilité délictuelle de la responsabilité contractuelle
et l'intérêt qu'il y a à savoir si l'on est en présence de
l'une ou de l'autre. Dans laquelle de ces catégories
doit-on faire rentrer la responsabilité professionnelle
des notaires ? Doit-on de plus lui appliquer purement
et simplement les règles de l'une de ces deux sortes
de responsabilité ?

Cette double question a donné lieu à bien des controverses à cause de la façon trop peu explicite dont
s'exprime la loi.

L'article 68 de la loi du 25 ventôse an XI, après
avoir dit que les actes faits en contravention d'un
certain nombre de règles posées par elle seraient nuls
au moins comme actes authentiques, ajoute « *sauf,
s'il y a lieu, les dommages-intérêts contre le notaire
contrevenant* ».

Que veulent dire ces mots : *s'il y a lieu ?* La loi
renvoie-t-elle au droit commun pour la fixation de
ces dommages-intérêts et dans ce cas faut-il se reporter

aux règles de la responsabilité délictuelle ou à celles de la responsabilité contractuelle ; ou bien établit-elle une responsabilité spéciale pour la violation des règles qu'elle désigne dans cet article ; ou enfin ne fait-elle qu'appliquer les conséquences d'une dérogation générale apportée à la loi commune en faveur des notaires?

Passons en revue sommairement les principaux systèmes qu'on a donnés à ce sujet :

1° Certains auteurs, comme Laurent, estiment que le notaire qui accomplit l'un des actes de sa profession le fait en vertu d'un contrat qui le lie vis-à-vis de son client ; car, d'après eux, « il y a contrat, proposition faite par la partie et acceptation par le notaire : celui-ci s'engage à rédiger l'acte avec tout le soin qu'un officier public doit apporter à l'accomplissement de ses devoirs (1) ». Le notaire serait donc tenu de la *culpa levis in abstracto*, en vertu de l'engagement qu'il aurait contracté de cette manière (art. 1137).

Ce système a le défaut de ne pouvoir se justifier dans toutes les hypothèses. Si l'on peut admettre qu'une convention tacite se forme entre le notaire et la partie qui passe un acte devant lui, il y a des personnes qui, sûrement, ne peuvent invoquer cette convention pour réclamer des dommages-intérêts contre le notaire en faute. Ce sont les tiers qui, bien qu'intéressés à l'acte, n'y sont pas intervenus, par exemple

___

(1) Laurent, *Principes de droit civil français*, t. XX, n° 507.

un légataire qui voudra recourir contre le notaire à cause de la nullité d'un testament. Comme l'article 1137 n'est plus ici applicable, on invoquera les articles 1382, 1383 d'après lesquels on tient compte même de la faute très légère, en sorte que l'on aboutirait à cette inconséquence d'obliger plus étroitement le notaire envers les personnes qu'il ne connaîtrait pas, qu'envers le client qui aurait été partie à l'acte (1).

2° Un second système, défendu par M. Emond (2), se rapproche beaucoup du précédent; mais pour éviter le reproche que nous venons de faire à celui-ci, il applique, grâce à un raisonnement ingénieux, l'article 1137 à tous les cas. Pour cela il fait remarquer que si le notaire est lié vis-à-vis de son client partie à l'acte par un contrat, il est tenu envers les tiers par un quasi-contrat. En effet, l'article 1371 définit les quasi-contrats « les faits purement volontaires de l'homme dont il résulte un engagement quelconque envers un tiers et quelquefois un engagement réciproque des deux parties ». Or, d'après M. Emond, le fait volontaire d'où pourra résulter pour le notaire un quasi-contrat, consiste dans l'acceptation de ses fonctions. D'une manière comme de l'autre, vis-à-vis de ses clients ou des tiers, le notaire répondra donc de sa *culpa levis in abstracto*.

Cette nouvelle idée, tout habilement présentée qu'elle est, ne rend pas plus admissible le système.

---

(1) LEFEBVRE, *Jour. du not.*, 29 sept. 1887.
(2) *De la responsabilité civile des notaires.* Thèse de Doctorat, Paris 1892.

On ne peut pas dire que le notaire qui s'acquitte de son ministère soit lié par un contrat ou un quasi contrat.

Il n'y a pas de contrat quand il s'agit de l'exercice d'une fonction publique ; le notaire n'a pas la liberté d'accepter ou de refuser de prêter son concours, il *doit* le faire comme délégué de l'autorité souveraine ; le notaire ne loue donc pas ses services, il n'est pas mandataire salarié ; les honoraires auxquels il a droit correspondent au traitement des autres fonctionnaires et, parce qu'ils sont perçus à l'occasion de chaque acte au lieu d'être fixes, ils ne changent pas de nature.

Il n'y a pas non plus de quasi-contrat qui lierait le notaire envers les personnes qui n'auraient pas été parties à l'acte ; car le fait qui donnerait naissance à ce quasi-contrat n'est pas purement personnel au notaire : la sollicitation et l'acceptation des fonctions notariales dérivent bien de la volonté du notaire, mais ce n'est pas lui qui se crée, qui se nomme fonctionnaire public ; c'est le Chef de l'Etat qui agrée le candidat et lui confère ses pouvoirs ; le décret de nomination est donc la source des obligations particulières qui incombent au notaire.

3° Si ce n'est pas une responsabilité contractuelle basée sur l'article 1137 que la loi de Ventôse veut faire encourir au notaire à raison des faits de ses fonctions, serait-ce donc la responsabilité générale qui est formulée, nous le savons, dans l'article 1382 du Code civil ?

Une troisième opinion le nie également en argumentant du principe que les lois spéciales dérogent aux lois générales, *specialia generalibus derogant*. La loi de l'an XI antérieure au Code civil, a réglé la responsabilité des notaires. C'est bien une loi spéciale. Les articles 1382, 1383 du Code civil, qui régissent la responsabilité en général, n'ont pas modifié les principes de la responsabilité notariale. Or, d'après cette opinion, la loi de Ventôse, édictant dans son article 68 contre les contraventions qu'elle prévoit des dommages-intérêts, s'il y a lieu, s'en rapporte simplement aux règles admises par l'ancien droit, c'est-à-dire que le notaire ne sera civilement responsable que s'il commet un dol ou une faute lourde.

Cette théorie a recruté de nombreux adhérents (1) dont les principaux arguments sont les suivants. On a d'abord fait remarquer que la volonté de maintenir les « anciens principes » avait été formellement exprimée au cours des travaux préparatoires de l'an XI et que les cas énumérés dans l'article 68 sont précisément ceux qui sont le plus souvent visés par les édits, coutumes et arrêts de règlements de l'ancien droit. On a ajouté en faveur de ce système que la responsa-

---

(1) PAGÈS, *De la Responsabilité des notaires*. — MOURLON et JEANNEST SAINT-HILAIRE, *Formulaire général à l'usage des notaires, de la responsabilité des officiers publics et ministériels*. — PAUL PONT, *Revue du notariat*, n° 133, 11. — BASTINÉ, *Cours de notariat*, n° 327. — AVIGNON, *Des origines du notariat et de la responsab. civile des notaires envers leurs clients*, p. 50. — MASSÉ, *Parfait not.*, liv. I, ch. XVII. — DEFRÉNOIS, *Traité pratique et formulaire général de notariat*. IV, n° 8125.

bilité est une peine et qu'en conséquence elle doit être strictement limitée aux cas déterminés par la loi ; que, de plus, l'article 1382 ne pouvait s'appliquer qu'aux dommages purement matériels et non à ceux résultant des travaux qui sont du *ressort de l'intelligence.*

Ecartons d'abord ces deux derniers arguments qui ne sont pas sérieux. M. Pagès pour soutenir que la responsabilité civile est une peine, s'appuie sur les termes de la loi de Ventôse qui porte dans quelques articles que les formalités édictées par elle seront observées *à peine* de dommages-intérêts. N'est-ce pas jouer sur les mots ? Cette expression « à peine » qu'il est difficile de remplacer par une autre, n'enlève pas aux dommages-intérêts leur caractère de réparation civile : ils ont moins pour but de punir une faute que de donner satisfaction à des intérêts privés qui ont été lésés.

En outre, la distinction qu'on voudrait faire pour l'application de l'article 1382 entre les dommages matériels et ceux résultant des travaux de l'intelligence est toute gratuite. Sans doute le préjudice, pour être facilement appréciable, doit être matériel, mais il peut avoir parfaitement ce caractère quelle que soit la cause qui l'a produit : l'article 1382 ne fait aucune différence entre les différentes sortes de dommages.

Si, lors des travaux préparatoires, on a manifesté l'intention de se reporter aux anciens principes, il n'en est pas moins exact que Bigot de Préameneu a positivement déclaré dans l'exposé des motifs de la nouvelle loi que le législateur entendait renoncer à la distinction faite dans l'ancien droit entre les diverses espèces de fautes.

Enfin ce système, qui limite les causes de responsabilité aux infractions formellement sanctionnées par la loi, aboutit à des conséquences tellement illogiques qu'elles suffiraient à elles seules à le faire condamner. Comme l'article 68 de la loi de Ventôse ne rappelle pas expressément les articles 3, 4, 11, 13, 15, 18 de cette même loi, ni les nombreux articles du Code civil, du Code de commerce et du Code de procédure qui imposent aux notaires diverses obligations, il en résulterait que les règles posées dans ces textes seraient dépourvues de sanction. Ainsi la loi aurait obligé les notaires à prêter leur ministère quand ils en sont requis (art. 3), à résider dans un lieu déterminé (art. 4), à s'assurer de l'identité des parties (art. 11), à accomplir telle ou telle formalité nécessaire à la validité des actes (art. 13), etc... et parce que ces prescriptions n'auraient pas été munies d'une sanction spéciale, les notaires pourraient impunément y contrevenir, cela n'est pas soutenable. Quand le législateur édicte des obligations, il entend bien qu'on les observe : il a évidemment eu cette intention en déterminant les différents devoirs des notaires, et si l'article 68 ne vise pas toutes les infractions que peuvent commettre les notaires dans l'exercice de leur profession, c'est qu'il

ne se rapporte pas principalement à la responsabilité
que les notaires peuvent encourir pour violation des
règles qui les gouvernent : il a simplement pour but
de déterminer les cas où la contravention entraînera la
nullité de l'acte, ajoutant que s'il y a lieu, c'est-à-dire
comme nous l'expliquerons plus longuement « selon les
circonstances », le notaire sera tenu à des dommages-
intérêts par suite de cette nullité ; il n'entend pas décider que dans ces cas seulement l'officier public sera
passible d'une action en responsabilité.

4° Un autre système a pris le contre-pied du précédent : il ne tient aucun compte de l'article 68 de la loi
de Ventôse et fait aux notaires l'application pure et
simple des articles 1382, 1383 du Code civil.

En effet, disent les adeptes de cette doctrine (1),
l'article 68, en prononçant des dommages-intérêts contre
le notaire contrevenant, s'il y a lieu, renvoie formellement aux règles de la responsabilité générale du droit
commun ; ou, en tous cas, si comme le prétend la
théorie précédente, cet article 68 avait l'intention de
faire aux notaires une situation privilégiée quant à la
responsabilité, ses dispositions ont été abrogées par la
règle plus récente du Code civil. *Posteriora prioribus
derogant.*

C'est faire trop bon marché d'un autre principe
incontestable déjà formulé, à savoir qu'une loi géné-

---

(1) Notamment M. DROUART, *De la responsabilité des notaires*, p. 62-71,
77 et 111.

rale n'abroge jamais une loi spéciale à moins qu'elle ne l'exprime formellement. D'autre part, en employant les mots *s'il y a lieu* pour dire tout simplement que le notaire est responsable s'il est dans les conditions voulues, c'est à dire s'il est l'auteur d'un dommage, le législateur aurait commis une parfaite naïveté, ce qu'on ne peut supposer aussi facilement.

Ce système, dont les conséquences sont des plus rigoureuses puisqu'il rend le notaire responsable de sa moindre faute, n'a jamais rencontré que peu de partisans.

5° Avant d'exposer la doctrine que nous préférons et qui rallie d'ailleurs aujourd'hui la majorité des suffrages, il nous faut dire un mot d'une théorie avancée en ces dernières années par un notaire belge, M. Stévenart (1). D'après lui, ni l'article 1382, ni l'article 1137 du Code civil ne peuvent être invoqués dans la matière qui nous occupe. En effet, dit-il, les articles 1382 et 1383 « ne visent que les faits quelconques, c'est-à-dire les circonstances banales et vulgaires de la vie ; ils s'appliquent à *l'homme*, c'est-à-dire à l'être humain en général, à l'individu quel qu'il soit ; on ne saurait en conséquence les entendre ni des situations particularisées, ni des personnalités spécifiées (2) ». Or, les notaires, « lorsqu'ils agissent du chef de leurs fonctions publiques, posent non des *faits personnels*, mais des *faits publics* dans lesquels leur responsabilité dispa-

(1) *Principes de la responsabilité des notaires*, Bruxelles, 1890.
(2) Page 41.

raît ». Quant à l'article 1137, il ne se rapporte qu'aux
obligations *conventionnelles* ; or les obligations professionnelles du notaire dérivent « *de l'autorité seule
de la loi,* et c'est involontairement qu'un notaire engage sa responsabilité quand il exerce ses fonctions ».
Si maintenant nous voulons fixer le degré de faute
nécessaire pour que la responsabilité civile de l'officier
public soit engagée, nous remarquerons que cet
article 1137 tient compte seulement de la *culpa levis
in abstracto ;* c'est le degré-type de la faute dans les
obligations conventionnelles, mais l'appréciation de
cette faute est encore atténuée, quand la personne en
faute n'avait pas d'intérêt engagé dans la convention.
De plus, dans les obligations légales, la faute n'est
jamais appréciée avec autant de rigueur parce que
ceux auxquels incombe une obligation générale ayant
à se surveiller dans plus de circonstances, sont plus
excusables d'y manquer. Or les notaires ne retirent
aucun avantage direct de leurs actes qui sont seulement l'occasion pour eux de toucher des honoraires
équivalant au traitement des autres fonctionnaires
publics ; leurs obligations sont purement légales, il
faut donc s'en tenir en-dessous de la règle posée en
l'article 1137. « Un notaire ne sera jamais tenu à tous
les soins d'un bon père de famille. Il suffira qu'il ait
apporté les soins qu'on est en droit d'exiger de la
moyenne des fonctionnaires » (1).

(1) Page 45.

L'arbitraire de ce système saute aux yeux. M. Sté-venart a fait preuve de beaucoup d'imagination dans l'exposé de ses idées, mais les audaces qu'il se permet ne peuvent être approuvées. Les articles 1382, 1383 sont pour ainsi dire escamotés au moyen d'un raison-nement des plus subtils : la différence qui y est faite entre l' « être humain en général » et « les person-nalités spécifiées » ne se saisit pas facilement. Est-il juste d'avancer que le notaire « engage involontai-rement sa responsabilité » parce que ses obligations dérivent de l'autorité seule de la loi ? Les fonctions de notaire ne sont imposées à personne et en les acceptant on en accepte en même temps les charges.

Et n'est-il pas peu logique, après avoir écarté l'article 1137 qui est relatif à la responsabilité contractuelle, de prendre pour terme de comparaison le degré de faute requis par cet article pour donner naissance à la res-ponsabilité dans une matière qui n'a rien de commun avec la nôtre ? N'est-il pas téméraire enfin, après avoir fait en quelque sorte table rase de tous les principes régulateurs de la responsabilité, d'échafauder une théorie de la responsabilité des fonctionnaires publics qui n'a pour base aucun fondement juridique et qui détermine d'une manière tout à fait fantaisiste une faute moyenne dont aucun texte n'a jamais parlé.

(1) Nous ne parlons pas ici de la théorie du mandat légal qui est présentée par Troplong et la jurisprudence non pour déterminer la responsabilité du notaire dans l'exercice de ses fonctions, mais pour le charger d'actes en dehors de son ministère. Nous nous efforcerons de refuter cette fausse idée

6° Nous arrivons enfin (1) à une dernière doctrine qui place le principe de la responsabilité notariale dans l'article 1382 du Code civil en admettant que la rigueur doit en être tempérée, conformément à ce que demande l'article 68 de la loi de Ventôse, par ces mots « s'il y a lieu ».

La responsabilité du notaire n'étant pas contractuelle, a sa source dans les articles 1382, 1383 qui visent tous les cas de responsabilité délictuelle ; mais le Code civil n'a pas abrogé le droit spécial relatif au notariat : il faut donc rechercher quelles ont été les intentions du législateur quand il a parlé de la responsabilité civile des notaires.

Le législateur de l'an XI a dit que les notaires sont passibles de dommages-intérêts « s'il y a lieu » : il apporte donc une restriction à leur responsabilité ; celle-ci ne découle pas nécessairement du préjudice causé ; c'est aux tribunaux de décider si *d'après les circonstances* le notaire a commis une faute suffisante pour le contraindre à réparer ce préjudice. Tel est le sens naturel des mots « s'il y a lieu ». Cette expression se retrouve, pour indiquer la même restriction, dans l'article 132 du Code de procédure, en faveur des huissiers et avoués, dans les articles 164 et 271 du Code d'instruction criminelle en faveur des magistrats.

du mandat légal quand nous nous demanderons si le notaire est forcément le conseil des parties et s'il est responsable de tous les vices de fond qui affectent une convention (V. plus loin : 1ʳᵉ partie, ch. II, 1ʳᵉ section, § 12 et section 2, § 4, 5, 6).

Ce tempérament apporté au droit commun se justifie facilement car « mille considérations militent en faveur du notaire. Il ne peut pas en thèse se soustraire aux réquisitions de ses clients qui eux ont à se reprocher d'avoir choisi tel notaire plutôt que tel autre. Obligé de rédiger les accords des parties au milieu souvent de leurs causeries, ou bien appelé en hâte le jour, la nuit, auprès d'un mourant, un oubli peut aisément lui échapper.... On ne doit point faire le procès à la fragilité humaine » (1). Si les notaires devaient être déclarés responsables sans limite des conséquences de leur moindre négligence, leur fortune et leur honneur seraient sans cesse compromis ; il convenait de faire une différence entre leur légèreté ou leur imprudence et leur dol ; autrement les particuliers, loin d'être protégés efficacement, ne l'auraient plus été du tout, car si les recours contre les notaires pouvaient être admis à l'infini, la profession, à cause de ses dangers, serait abandonnée par tout homme prudent, soucieux de ses intérêts et de sa réputation et laissée aux téméraires et aux ambitieux présentant moins de garanties de fortune et de probité.

Il appartiendra donc aux magistrats de maintenir dans de justes limites la responsabilité des notaires ; ils devront se garder aussi bien d'une trop grande sévérité que d'une faiblesse exagérée, en tenant compte

(1) AVIGNON, *De la responsab. civile des notaires envers leurs clients*, p. 52.

des mille circonstances qui peuvent jouer un rôle dans l'imputabilité d'une faute.

Comme l'article 68 de la loi de Ventôse, qui renferme la restriction que nous venons d'étudier, ne prévoit que certaines infractions aux lois du notariat, on s'est demandé si cette situation privilégiée du notaire devait être réservée à ces seules contraventions. On l'a soutenu en prétendant que cette interprétation était la seule conforme à la lettre de la loi. Mais cette opinion sacrifie l'esprit à la lettre, dont elle a d'ailleurs mal mesuré la portée.

Le législateur n'a évidemment pas pu vouloir punir moins sévèrement que les autres obligations celles qui se rapportent à la validité des actes et qui sont les plus importantes et les plus difficiles à omettre.

D'autre part, quand il dit que la violation de telles et telles règles entraînera la nullité des actes au moins comme authentiques et que cette nullité pourra donner naissance à dommages-intérêts, s'il y a lieu, il n'entend pas restreindre à ces seuls cas l'application éventuelle d'une responsabilité mitigée.

Certains auteurs admettent bien que la responsabilité est laissée à l'appréciation du juge dans d'autres cas que ceux qui sont énumérés par l'article 68, mais ils n'osent demander l'application de cette faveur qu'aux contraventions susceptibles d'entraîner la nullité des actes.

Pour nous, nous croyons qu'il faut faire un pas de

plus car il n'y a pas de motif pour faire aucune restriction ; la thèse de la « responsabilité s'il y a lieu » doit être appliquée à toutes les obligations qui incombent aux notaires comme officiers publics. L'article 68 reconnaît que la responsabilité générale du droit commun doit être adoucie en faveur des notaires, il est conforme aux intentions du législateur autant qu'à l'équité d'accorder à ces fonctionnaires la même indulgence à tous les points de vue.

Cette doctrine qui est celle de la jurisprudence et de la majorité des auteurs (1), nous amène donc aux conclusions suivantes : la responsabilité générale des notaires dans l'exercice de leurs fonctions est soumise en principe aux règles de la responsabilité délictuelle ; mais elle bénéficie d'une atténuation laissée à la discrétion des juges qui ne devront prononcer qu'une condamnation proportionnée à la faute commise. En conséquence, voici quelles sont les conditions aux-

---

(1) Cass., 27 nov. 1837 (S., 37, 1, 945). — Cass., 27 mars 1839 (S., 39, 1, 269). — Bordeaux, 27 juin 1839 (S., 39, 2, 495). — Cass. (req.), 7 juill. 1847 (S., 47, 1, 575). — Cass. (req.), 19 juill. 1854 (S., 54, 1, 603). — Amiens, 9 avril 1856 (S., 56, 2, 333). — Cass. (req.), 16 août 1865 (S., 65, 1, 438). — Cass. (req.), 13 avril 1869 (S., 69, 1, 318). — Cass. (req.), 5 février 1872 (S., 72, 1, 386). — Cass., 19 mai 1885 (S., 85, 1, 297). — Cass., 14 avril 1886 (S., 86, 1, 245). — Cass., 24 déc. 1888 (S., 89, 1, 103).
DEMOLOMBE, *Cours du Code Napoléon*, t. XXXI, nos 528, 533. — AUBRY et RAU, *Cours de droit civil français*, t. IV, § 446. — DALLOZ, *Rép.* Vo *Responsabilité*, no 304. — ELOY, *De la responsabilité des notaires*, nos 12, 14, 22.— VERGÉ, *De la responsabilité des notaires*, no 6, dans le formulaire du notariat d'Ed. Clerc. — FONBENÉ, *Responsabilité civile des notaires*, p. 53-63. — BAUBY, *Responsabilité civile des notaires*, p. 32-40, etc.

3

quelles seront subordonnées les actions en dommages-
intérêts contre les notaires.

Il faudra d'abord qu'il y ait un préjudice ; cette
condition s'impose, car pour qu'il y ait lieu à réparation, il faut évidemment qu'il y ait une lésion souf-
ferte par autrui. Ce préjudice doit être certain et
actuel ; un dommage éventuel ne suffirait pas.

Il faudra ensuite que ce préjudice soit le résultat
d'une faute commise par le notaire ; il faudra prouver
qu'il y a eu faute de l'officier public et que le dommage n'aurait pas été subi sans cette faute.

Enfin, à ces conditions requises pour les cas ordinaires de responsabilité, il faut en ajouter une autre :
c'est que la faute soit assez grave pour que le notaire
puisse être équitablement poursuivi, c'est-à-dire que
vu les circonstances de fait dans lesquelles cette faute
a été commise, il y ait lieu de déclarer le notaire
responsable.

Mais s'il y a une dérogation aux règles absolues du
droit commun, il ne faut pas se faire trop d'illusions
sur les conséquences pratiques de cette dérogation ; il
est facile d'établir en théorie des distinctions entre les
fautes graves et les fautes légères, entre les manquements grossiers et les défaillances excusables, mais
une ligne de démarcation ne peut être faite *a priori*
pour indiquer dans quelle catégorie doit se ranger
telle ou telle infraction reprochée au notaire. Les
juges ont nécessairement ici un large pouvoir d'appré-

ciation, comme ils en ont un en matière de responsabilité contractuelle pour décider si telle faute ne serait pas commise par un bon père de famille.

La situation des notaires dépendra donc du plus ou moins de sévérité qu'apporteront les magistrats dans leurs appréciations. Les sentences rendues sur des espèces identiques pourront varier beaucoup parce qu'une faute estimée ici légère sera ailleurs considérée comme grave et impardonnable ; et les tribunaux ont une tendance qui s'accentue de plus en plus à se montrer rigoureux envers les notaires. Frappés sans doute du nombre croissant de malversations commises par un certain nombre de ces officiers publics, ils ont cru nécessaire de déployer une énergie plus grande dans la répression des moindres fautes, et toute la corporation pâtit aujourd'hui pour quelques-uns de ses membres qui, seuls, méritaient le châtiment de leurs méfaits.

Sans y prendre garde, la jurisprudence retombe dans l'application pure et simple de l'article 1382 ; il est urgent que les Cours et les Tribunaux se rappellent leur mission toute d'équité et se conforment aux prescriptions de la loi. Les notaires ne réclament pas pour les faits de leur ministère l'impunité très étendue qui est accordée aux juges par l'article 505 du Code de procédure civile, et que la Cour de cassation (1) admet

(1) Cass., 17 juill. 1832 et 6 juill. 1858.

même pour leurs fautes grossières. Mais ils demandent
qu'étant admis le principe de leur responsabilité limitée, basé sur l'extrême diversité de leurs obligations, on
leur en fasse la juste application ; qu'on n'assimile pas
au notaire prévaricateur, indigne de toute commiséra-
tion, celui qui s'acquitte honnêtement de ses délicates
fonctions et qui, malgré toute son attention, n'est pas
à l'abri d'une erreur ou d'un oubli.

CHAPITRE II

Connaissant la nature et l'étendue de la responsabilité professionnelle des notaires dans notre droit moderne, si nous voulons en faire l'application aux différents cas qui peuvent se présenter, il nous semble inutile de rechercher si tel cas est prévu par la loi de Ventôse ou par une autre, puisque, dans tous les cas, les mêmes principes règleront sa responsabilité ; il sera plus rationnel pour mettre un peu d'ordre dans les détails assez nombreux dans lesquels nous devons maintenant entrer, d'examiner la responsabilité des notaires d'abord pour inobservation des devoirs généraux de leur profession, puis pour violation des règles qui leur sont imposées pour la réception et la rédaction des actes.

SECTION PREMIÈRE

RESPONSABILITÉ RÉSULTANT D'UNE INFRACTION AUX DEVOIRS GÉNÉRAUX

Dans cette section, nous allons examiner les devoirs qui, en dehors de la réception et de la rédaction des actes, ont pour but d'assurer l'exercice régulier du ministère des notaires et de sauvegarder les intérêts de leurs clients et des tiers.

Le notaire doit d'abord prêter son ministère quand il en est requis ; d'un autre côté, il ne doit pas, comme on dit vulgairement, courir après les affaires, de là l'obligation de résidence ; une fois l'acte terminé et reçu (nous avons réservé cette phase des opérations à cause des multiples détails qu'elle comporte), le notaire doit lui donner sa perfection en le faisant enregistrer ; il doit ensuite le conserver, le communiquer aux parties intéressées, en délivrer des grosses et des expéditions ; sur tout ce qui lui a été confié à propos de ces actes, il est tenu au secret professionnel ; à l'inverse, dans quelques cas, il doit porter à la connaissance du public certains faits qui l'intéressent, comme les interdictions, les contrats de mariage des commerçants et les actes de société ; il doit faire aussi certaines notifications dans quelques autres cas, soit aux autorités compétentes (avis du décès d'un titulaire de majorat, d'un titulaire de la Légion d'honneur ou de la médaille militaire, avis du contrat de mariage, en général à l'officier de l'état civil, etc.), soit aux personnes intéressées (réquisitions à faire au tuteur dans un inventaire, avis à donner aux établissements publics des donations qui leur sont faites). Enfin nous verrons quelle est la responsabilité du notaire en second et nous nous demanderons s'il est juste d'exiger du notaire qu'il se fasse le conseil de tous ceux qui passent devant lui des conventions.

§ Ier. — **Prestation de ministère.**

Quand nous avons voulu prouver que la responsabilité du notaire comme fonctionnaire public n'était pas contractuelle, nous avons dit que le notaire n'était pas libre d'accorder ou de refuser son concours ; l'ar- 3 de la loi de Ventôse le dit expressément : « Ils (les notaires) sont tenus de prêter leur ministère lorsqu'ils en sont requis ». Dans l'ancien droit il en était de même et cela était rationnel du jour où l'on admit que les notaires étaient fonctionnaires publics. Ferrière écrit (1) : « On tient qu'on peut contraindre un notaire à recevoir un pacte ; la raison en est qu'il est personne publique ». Dans le droit intermédiaire, cela ne fit également aucun doute ; dans la séance du 12 prairial an VIII, M. Cailly, rapporteur d'une loi sur le notariat disait au Conseil des Anciens : « Le ministère des notaires est un ministère nécessaire ; il ne peut le refuser quand il en est requis, et ce serait aller contre le principe de la matière de lui laisser la liberté du refus. S'il participe aux fonctions d'une honorable magistrature, son temps et ses facultés appartiennent à tous ces concitoyens et à tous ceux qui ont besoin de son ministère. Comme le juge se

(1) *Parfait notaire*, liv. Ier, ch. XVI.

doit à l'administration de la justice, le notaire se doit
tout entier aux fonctions que la loi lui délègue ; elle
devait donc le rendre garant d'un refus déplacé. »

Il serait d'autant plus inadmissible de permettre au
notaire de refuser son ministère que souvent les particuliers et quelquefois les tribunaux sont obligés de
recourir à lui.

Mais si aux termes de la loi, les notaires sont tenus
de prêter leur ministère, il y a certainement des
limites à cette obligation ; on ne peut les forcer d'être
en permanence à la disposition du public : à l'impossible nul n'est tenu. D'autre part, à côté de cette impossibilité physique, il y a des impossibilités légales, que
le notaire pourra évidemment opposer aux réquisitions
qui lui seraient faites.

Il y a d'abord des impossibilités matérielles absolues
qui dispensent complètement le notaire de prêter son
ministère ; il est par exemple retenu par une maladie,
un accident ou une occupation qu'il ne peut remettre.

Il peut ensuite se présenter des empêchements pour
ainsi dire facultatifs pour le notaire, par exemple on
l'appelle la nuit, ou un dimanche, un jour de fête, ou
bien la démarche qu'on demande de lui présente un
certain danger.

Il est généralement admis que les notaires peuvent
refuser leur ministère la nuit, à moins que l'acte pour
lequel ils sont appelés ne soit urgent, comme s'il s'agit
du testament d'une personne en danger de mort ; si le

notaire ne déférait pas, dans ce cas, à la réquisition qui lui est faite, il pourrait être condamné à des dommages-intérêts envers les personnes qui prouveraient que le *de cujus* avait l'intention de les porter sur son testament, et qui justifieraient ainsi d'un dommage causé par le refus du notaire.

La même solution est étendue, par la plupart des auteurs, au cas où le ministère du notaire est requis un dimanche ou un jour férié. L'article 57 de la loi du 18 Germinal an X (8 avril 1802) porte que « le repos des fonctionnaires publics est fixé au dimanche. « Or, nous avons vu que d'après l'article 1er de la loi de Ventôse la qualité de fonctionnaires publics appartient aux notaires (1). Sauf donc le cas de nécessité absolue, le notaire peut refuser de prêter son ministère les dimanches et jours fériés.

Les règlements de beaucoup de chambres interdisent d'ailleurs aux notaires d'ouvrir leurs études les dimanches et les jours de fête légale et de recevoir des actes ces jours-là, toujours à moins d'urgence.

Même en l'absence d'une telle prohibition, il y a certains actes que le notaire ne peut accepter de faire les dimanches et jours de fête ; ce sont ceux qui participent sous certains rapports aux caractères des actes judiciaires ou de procédure, tels que les inven-

---

(1) V. cependant *contrà* un arrêt de la Cour de Colmar du 23 mai 1834. D., 35, 2, 15.

taires, les actes respectueux (1) (arg. art. 63, C.
de pr. civ.).

A l'inverse on peut prévoir une espèce où le notaire
serait mal fondé à refuser son ministère un jour férié,
c'est lorsque sur réquisition des parties il a été commis
judiciairement pour procéder à une vente publique de
meubles ou d'immeubles (arg. des articles 617, 945,
954 et suiv. du C. de pr. civ. et 826 du C. civ.).

Si le notaire est arrêté par le danger qu'il lui faudrait affronter pour se rendre où on le mande,
encourra-t-il des dommages-intérêts ? Il s'agit par
exemple, de recevoir les dernières volontés d'une personne atteinte de maladie contagieuse. La solution
dépendra des circonstances. Grâce à leur pouvoir d'appréciation, les tribunaux décideront si la crainte du
notaire pouvait justifier son abstention, mais il devront
tenir compte de cette considération que « l'intérêt sacré
des parties, son titre d'officier public et l'honneur de
sa profession obligent le notaire à plus d'abnégation et
de dévouement qu'on ne devrait en attendre d'un
simple particulier qui n'a en vue que son intérêt propre.
Le sentiment du devoir doit dominer la crainte » (2).

Enfin, l'on s'est demandé si l'on peut contraindre
le notaire à recevoir l'acte à domicile. La solution
n'est pas douteuse pour les actes qu'il est impossible
de passer en l'étude, comme les inventaires, ventes

(1) LEDRU, *Clef du notariat*, p. 3.
(2) FONBENÉ, *Responsabilité civile des notaires*, p. 83.

mobilières, signification d'actes respectueùx. Pour les autres actes la question est plus délicate. Cependant on peut induire des tarifs établis pour déterminer les frais de voyage dans diverses lois et décrets, et récemment encore dans le décret du 25 août 1898, que le législateur a voulu obliger les notaires à se transporter à domicile.

Parmi les impossibilités légales qui empêcheront un notaire de prêter son ministère les unes sont directes, les autres indirectes.

Les premières se présentent quand un texte formel interdit au notaire d'instrumenter, par exemple, les articles 6, 8, 10, 11, 17 de la loi de Ventôse ; et les autres quand l'acte que l'on voudrait faire recevoir par le notaire serait contraire aux lois (1), aux bonnes mœurs ou à l'ordre public, ou qu'il manquerait d'une autre condition nécessaire à sa validité, par suite de l'incapacité de la partie ou de son état mental.

§ II. — Obligation de résidence.

Le paragraphe précédent nous a montré que, sauf certains cas où le notaire peut légitimement refuser son ministère, il doit en principe obtempérer à toute réquisition. Voyons maintenant la situation opposée.

---

(1) Cependant on décide généralement que les articles 163 et 164 du Code civil ne permettent pas au notaire de refuser de recevoir le contrat de mariage entre oncle et nièce, tante et neveu, et que l'article 470 du même Code ne l'empêche pas de rédiger un état de situation dont le tuteur offrirait les frais.

S'il doit prêter son concours quand on le lui demande, il doit s'abstenir de faire des offres de service et se contenter d'attendre qu'on le requière : de là l'obligation de résidence édictée par l'article 4 de la loi du 25 Ventôse an XI (1).

« En cas de contravention à cette disposition, dit cet article, le notaire sera considéré comme démissionnaire et en conséquence le ministre de la Justice, après avoir pris l'avis du tribunal, peut proposer au gouvernement son remplacement. »

Cet article institue donc une mesure radicale qui pourra être prise contre le notaire trop entreprenant ; mais à défaut de cette intervention directe du pouvoir public, une sanction disciplinaire pourra être prononcée et qui consistera, suivant la gravité des cas, en une réprimande, en la suspension, ou même la destitution du contrevenant. Enfin si l'infraction à l'obligation de résidence a blessé des intérêts privés, elle donnera lieu également à une réparation, à des dommages-intérêts et ce côté de la question rentre dans notre étude de la responsabilité civile.

Il est certain que le notaire qui, non content des affaires qui lui viennent naturellement et poussé par une âpre soif de gain, sollicite la clientèle, va se

---

(1) C'est là le but principal de l'obligation de résidence qui est encore prescrite pour assurer la garde des minutes déposées en l'étude du notaire et pour permettre aux tiers de le trouver quand ils ont besoin de son ministère.

mettre périodiquement à sa disposition dans les villes où se tiennent les foires et les marchés, établit en quelque sorte des succursales de son étude dans les endroits où se traitent en général les affaires, cause ainsi un préjudice à ses confrères plus scrupuleux qui ne recourent pas à ces procédés.

Sans doute quand le notaire se transporte hors de sa résidence sur une réquisition tout en restant dans les limites de son ressort, il ne commet aucune infraction à la loi, il ne fait même qu'obéir à cette loi qui lui ordonne de prêter son ministère quand il en est requis (art. 3 de la loi de l'an XI) ; mais ce qui est répréhensible c'est le fait pour un notaire de supplanter ses collègues dans des actes qu'ils auraient dû recevoir en raison de la proximité de leur résidence ; et c'est justice de l'obliger à réparer le tort causé par son indélicatesse. D'autant plus que souvent celui qui empiète ainsi sur les brisées d'autrui n'aura pas à craindre qu'on use des mêmes moyens en guise de représailles à son égard, parce que son étude étant d'une classe supérieure le mettra à l'abri des incursions des notaires de classes inférieures qui ne pourraient usurper sur son terrain sans sortir de leur ressort.

De très nombreux arrêts nous montrent que ces faits de concurrence déloyale ne sont pas seulement du domaine de la pure théorie ; les tribunaux ont été appelés à juger des notaires qui avaient créé dans un lieu autre que celui de leur résidence une seconde étude véritable avec dépôt de minutes, de registres, d'argent et présence de clercs ; mais le plus souvent des notaires sans avoir agi avec une pareille désinvolture ont été condamnés pour avoir employé des manœuvres peu délicates afin de détourner à leur profit une clientèle qui aurait régulièrement dû s'adresser à un autre notaire, par exemple, en se rendant périodiquement et sans réquisition dans une localité où ils n'avaient pas leur résidence.

§ III. — Enregistrement des actes.

Quand un notaire a reçu un acte, il doit le soumettre à la formalité de l'enregistrement : la loi l'y oblige expressément (article 20 de la loi du 22 frimaire an VII) et il doit même acquitter les différents droits afférents à cette opération, sauf son recours contre les parties (article 29 de la même loi).

L'article 23 de la loi précitée sanctionne cette obligation de la manière suivante : « Les notaires qui n'auront pas fait enregistrer leurs actes dans les délais prescrits (1) paieront personnellement à titre d'amende et pour chaque contravention une somme de cinquante francs, s'il s'agit d'un acte sujet à droit fixe, ou une somme égale au montant du droit, s'il s'agit d'un acte sujet au droit proportionnel sans que, dans ce dernier

---

(1) 10 jours pour les notaires résidant dans la commune où le bureau d'enregistrement est établi ; quinze jours pour les autres.

cas, la peine puisse être au dessous de cinquante francs. Ils seront tenus en outre du paiement des droits, sauf leur recours contre les parties, pour ces droits seulement. »

En dehors de cette responsabilité pénale vis-à-vis du Trésor, les notaires qui manquent à leur obligation de faire enregistrer leurs actes encourront-ils quelque responsabilité à l'égard de leurs clients. Cela revient à demander si les clients peuvent éprouver un préjudice du fait de cette négligence du notaire.

Sous l'empire de la loi des 15-19 décembre 1790 (articles 2 et 9) l'acte notarié non enregistré ne valait que comme acte sous seings privés. De là pouvait résulter un très grand dommage pour les parties du défaut d'enregistrement, surtout si l'acte dont il s'agissait était un de ces contrats solennels qui n'ont d'existence que s'ils sont authentiques, une donation par exemple. Depuis la loi du 22 frimaire an VII, qui a abrogé ces dispositions, l'intérêt de la question est beaucoup moindre ; l'acte notarié même non enregistré conserve son caractère d'authenticité et fait preuve de sa date par lui-même ; l'enregistrement des actes notariés n'est maintenu que dans un but fiscal.

Cependant on peut trouver des cas où le défaut d'enregistrement d'un acte notarié sera susceptible de causer préjudice aux parties et d'engager la responsabilité civile du notaire. Par exemple, le conservateur des hypothèques refuse de faire en temps utile la trans-

cription d'une vente parce que le contrat n'est pas
enregistré ; ou encore le notaire lui-même se trouve
dans l'impossibilité de délivrer pour la même raison
une expédition dont on a besoin pour une affaire
urgente.

§ IV. — Conservation des actes

L'article 1er de la loi de Ventôse énumérant les fonctions des notaires dit notamment que ces officiers
publics sont chargés de conserver le dépôt des actes
et d'en délivrer des grosses et expéditions.

L'article 20 de cette loi répète que les notaires doivent garder minute de tous les actes qu'ils reçoivent,
sauf ceux qui d'après les lois peuvent être délivrés en
brevets comme les certificats de vie, procurations,
actes de notoriété.

Il est en effet très important d'assurer la conservation d'actes destinés à faire la preuve de droits si multiples. Sauf le cas de force majeure comme l'incendie,
l'inondation, la guerre, le notaire sera donc responsable
civilement de la perte d'un des actes dont il a la garde,
que ce soit une minute qu'il a rédigée lui même ou
un acte sous seings privés qu'il a placé au rang de ses
minutes, ou une pièce quelconque comme un plan
qu'il a annexée à un acte dressé par lui, ou même
un acte d'un de ses prédécesseurs compris dans l'état
qui, aux termes de l'article 58 de la loi de Ventôse,
doit être dressé au moment de la cession d'office.

Une question se pose au sujet des minutes d'un ancien titulaire de l'étude, quand l'état dont il vient d'être question n'a pas été dressé. Qui sera responsable si l'une des minutes se trouve égarée ? On a soutenu (1) que c'est le notaire actuel parce qu'en négligeant d'établir par un état qu'il n'entend prendre à sa charge que tels et tels actes, il reconnaît qu'on lui a remis toutes les minutes portées sur les répertoires de ses prédécesseurs.

Cependant ne peut-on pas soutenir que cette obligation de dresser l'état des actes remis s'adresse aussi bien au notaire démissionnaire ou à la famille du notaire décédé qu'à son successeur ; ne peut-on pas admettre que la loi ne décharge les premiers que s'ils prennent les précautions qu'elle leur indique elle-même, c'est-à-dire d'obtenir du nouveau titulaire une reconnaissance de la remise des archives de l'étude ? Cette opinion, défendue par MM. Rutgeerts et Gagneraux, a été adoptée par un arrêt de la Cour de Douai du 23 novembre 1874.

Quoi qu'il en soit le notaire ou l'ancien notaire actionné en dommages-intérêts pourra invoquer la prescription trentenaire qui courra non du jour de la passation de l'acte, mais du jour de sa perte, car l'obligation de conserver les minutes est indéfinie et imprescriptible. Mais quand un notaire aura cessé ses

(1) *Revue du notariat*, n° 5930. — ELOY, *op. cit.*, t. I, n° 453. — Arrêt de la Cour d'Angers du 23 juin 1847 (S., 47, 2, 590).

fonctions depuis plus de trente ans, il sera à l'abri de
tout recours à cet égard, car la prescription a commencé à courir pour lui du jour où il aurait dû remettre
l'acte à son successeur.

§ V. — Communication des actes.

L'article 23 de la loi de Ventôse dit que « les notaires
ne pourront, sans l'ordonnance du président du tribunal de première instance, délivrer expédition, ni
donner connaissance des actes à d'autres qu'aux personnes intéressées en nom direct, héritiers ou ayants-
droit, à peine de dommages-intérêts, d'une amende de
100 francs (réduite à 10 francs par l'article 10 de la
loi du 16 juin 1824) et d'être en cas de récidive sus-
pendus de leurs fonctions pendant 3 mois, sauf néanmoins l'exécution des lois et règlements sur le droit
d'enregistrement et de celles relatives aux actes qui
doivent être publiés dans les tribunaux ».

Laissant de côté les amendes et les peines disciplinaires que prononce cet article, nous voyons qu'il
parle des dommages-intérêts que le notaire pourrait
encourir pour violation à ses dispositions.

Les personnes intéressées en nom direct sont les
parties contractantes et les personnes au profit desquelles une stipulation est insérée dans l'acte. Ces
personnes donc et leurs héritiers ou ayants-droit
pourront seuls exiger communication des actes. Quant

aux tiers qui, eux aussi, peuvent avoir intérêt à connaître les clauses d'une convention passée devant un notaire, ils doivent en obtenir l'autorisation du président du tribunal, ou du tribunal, par la voie appelée compulsoire, si la communication est demandée au cours d'une instance.

Celui qui demande la communication d'un acte doit en indiquer la date, ou au moins donner les renseignements nécessaires pour le faire trouver facilement.

Les testaments pendant la vie du testateur doivent rester secrets, même pour les légataires : les droits de ces derniers ne sont pas encore nés ; ils n'ont que de simples espérances ; ils ne sont pas parties intéressées dans le sens de l'article 23.

De quelle manière la communication doit-elle être faite ? Le mode le plus simple est de donner lecture aux parties de l'acte qui les intéresse ; l'usage est aussi de leur remettre entre les mains la minute même du contrat pour qu'elles puissent en vérifier la teneur *de visu* ; mais le notaire n'y est pas obligé et s'il craignait que l'acte pût être l'objet de quelque lacération, il devrait se refuser à cette communication oculaire, car il est responsable de la conservation des minutes de son étude.

Souvent les parties désireront avoir une communication moins sommaire que celle que nous venons d'indiquer ; elles demanderont alors au notaire qu'il leur délivre une copie du contrat qui les concerne ;

elles pourront ainsi l'étudier à loisir, et surtout elles auront un moyen de faire la preuve de la convention qu'elles invoquent et d'en obtenir l'exécution.

Si la copie est revêtue de la formule exécutoire comme le sont les jugements, elle prend le nom de *grosse* ; sinon elle porte celui d'*expédition*.

Il ne peut être délivré qu'une grosse à chacune des parties intéressées (art. 26 de la loi de Ventôse), c'est-à-dire à chaque partie ayant le droit d'obtenir l'exécution de l'acte : le débiteur n'a droit qu'à une expédition.

Le notaire doit faire mention sur la minute de la délivrance d'une première grosse. Si les intéressés, ayant par exemple égaré cette grosse, en avaient besoin d'une nouvelle, le notaire ne pourrait la leur délivrer sans une ordonnance du président du tribunal de première instance, laquelle demeurerait jointe à la minute. Outre que le notaire pourrait être destitué s'il délivrait sans autorisation une seconde grosse, il pourrait évidemment encourir des dommages-intérêts, si cette remise illégale d'un titre exécutoire causait quelque préjudice au débiteur, si elle portait atteinte à son crédit par suite de poursuites faites à tort contre lui, si elles lui occasionnaient des démarches et des frais.

Les *ampliations* sont les secondes grosses qu'un notaire délivre sur une grosse originale qui lui a été déposée : elles diffèrent donc des grosses en ce que celles-ci sont délivrées sur la minute. Il y a lieu à ampliation, par exemple, quand le propriétaire d'une créance en fait le transport à plusieurs personnes distinctes. Une ampliation étant une seconde grosse, le notaire ne peut également la délivrer que sur une ordonnance du président du tribunal de première instance.

Quant aux expéditions, il peut en délivrer autant qu'il lui en est demandé, pourvu que ce ne soit qu'aux parties intéressées, ou aux personnes munies d'une autorisation. De plus même aux ayants-droit le notaire peut, d'après l'article 851 du Code de procédure civile, refuser expédition des actes qu'il a reçus jusqu'à ce qu'il ait été payé des frais et déboursés de la minute de l'acte et de ceux de l'expédition elle-même.

Les notaires peuvent aussi délivrer des expéditions partielles des actes qu'ils ont reçus : ces expéditions prennent alors les noms d'*extraits littéraux* si quelques passages de la minute sont recopiés textuellement et d'*extraits analytiques* si le sens seulement de quelques dispositions se trouve reproduit.

En cas d'erreur ou d'omission dans la grosse ou l'expédition, le notaire qui en a fait la délivrance pourrait être tenu à des dommages-intérêts envers ceux à qui l'erreur ou l'omission aurait causé quelque préjudice. Nous croyons qu'il ne faut pas faire la distinction qu'admettent certains auteurs entre le cas où le dommage est éprouvé par la partie intéressée à l'acte dont l'expédition est erronée et le cas où il est éprouvé par des tiers. On a dit (1) que les parties intéressées ayant, soit directement, soit par leurs auteurs, participé à l'acte et conservant toujours aux termes de la loi le droit de demander communication de la minute pour en contrôler la teneur avec celle de l'expédition, auraient, en cas d'erreur, à se reprocher une certaine négligence, ce qui aurait pour effet d'alléger la responsabilité du notaire. Il est certain que cette vérification est impossible en pratique : on ne peut reprocher aux parties de ne pas l'avoir faite, car elles ne peuvent donner au notaire une telle marque de défiance. D'ailleurs le notaire certifie conforme à la minute l'expédition qu'il délivre : il devra dans tous les cas être rendu responsable des lacunes qu'elle présenterait.

Les articles 1396, 1397 du Code civil s'occupent des obligations du notaire appelé à recevoir un contrat de mariage quand des changements ou contre-lettres sont apportés à ce contrat. L'article 1397, *in fine*, dit : « le notaire ne pourra, à peine de dommages-intérêts *des parties* et sous plus grande peine s'il y a lieu délivrer ni grosses, ni expéditions du contrat de mariage, sans transcrire à la suite le changement ou la contre-lettre. » Bien que cet article ne parle que des dommages-intérêts *des parties*, on admet en général qu'il veut surtout parler des indemnités à accorder aux

---

(1) FONBENÉ, *Responsabilité civile des notaires*, p. 98.

tiers lésés, car les parties n'ignorent pas les modifications apportées au contrat de mariage, et ce sont surtout les étrangers qui pourront éprouver un dommage si le notaire ne se conforme pas aux prescriptions de la loi.

§ VI. — Secret professionnel.

Le paragraphe précédent nous a montré que la loi défend formellement aux notaires de communiquer à d'autres qu'aux intéressés les actes dont ils sont dépositaires. Si cette communication matérielle leur est interdite, nous pensons que sous la même responsabilité ils sont tenus de ne pas divulguer de toute autre manière non seulement le contenu de ces actes, mais encore tout ce qui leur a été confié à leur occasion.

Cela a été mis en doute : des auteurs (1) ont soutenu que l'obligation au secret professionnel n'était qu'un devoir moral nullement sanctionné par la loi civile et ne pouvant entraîner de dommages-intérêts.

Nous croyons que le secret relativement au contenu des actes est impérieusement commandé par l'art. 23 de la loi de Ventôse : le notaire ne peut faire indirectement ce qui lui est défendu directement. S'il lui était loisible de dévoiler ce que renferment les minutes dont il a la garde, il serait inutile de lui interdire la

(1) ELOY, op. cit., I, p. 182. — FONBENÉ, op. cit., p. 1, 8. — PAGÈS, op. cit., p. 137.

communication des actes eux-mêmes. Quant aux
choses qui lui ont été confiées à l'occasion des actes,
il n'y a pas de raison pour distinguer : les indiscré-
tions commises à leur égard peuvent causer autant et
même plus de préjudice que celles relatives aux clauses
mêmes de l'acte. Le client du notaire a pu lui révéler
la cause de telle disposition et les circonstances qui
l'amènent à consentir telle opération et il avait peut-être
grand intérêt à ce que ces confidences ne soient point
publiées, tandis qu'il ne pouvait penser à cacher avec
le même soin ce qu'il a fait insérer en toutes lettres
dans le corps de l'acte.

Cependant cette obligation au secret professionnel
doit avoir des limites : le notaire ne peut être forcé de
se rendre complice par son silence du dol que commettrait un de ses clients. Par exemple, il sait que
l'immeuble dont on lui demande de dresser l'acte de
vente a été aliéné déjà précédemment ; n'est-il pas de
son devoir de prévenir celui qui se présente comme
acheteur et de déjouer les calculs du vendeur malhon-
nête ? Lequel est le plus intéressant de ces deux person-
nages ? Et d'ailleurs sur quoi s'appuierait le prétendu
vendeur pour réclamer des dommages-intérêts puisque
le préjudice qu'il éprouve vient de ce qu'il n'a pas
réussi à tromper celui avec lequel il voulait traiter ?
nemo suam turpitudinem allegans auditur.

La Cour de cassation après avoir hésité (1) à appor-

(1) Cass. 23 juill., 1830 (S. 30 I 290).

ter cette restriction à l'obligation du secret professionnel est maintenant fixée (1) dans le sens que nous venons d'indiquer.

Une tradition de l'ancien droit relevait encore du secret professionnel les notaires qui étaient appelés à témoigner dans les procès criminels, parce que la découverte de la vérité dans ce cas particulier était d'ordre public et devait passer avant les intérêts privés. Cette dérogation au principe en cas d'instance criminelle n'est plus admissible aujourd'hui, car nulle part la loi ne l'établit. Les notaires peuvent donc en toutes circonstances opposer le secret professionnel comme les médecins, les prêtres et ceux qui par leur profession sont appelés à recevoir les confidences d'autrui. Cependant les tribunaux et la Cour de cassation, sans doute encore sous l'influence de ce qui se pratiquait dans l'ancien droit, se montrent assez exigeants pour dispenser le notaire de déposer en matière criminelle : il faut d'après eux que les faits sur lesquels le notaire est interrogé lui aient été révélés sous le sceau du secret dans l'exercice de son ministère. La conséquence de cette prétention que rien ne justifie est de renverser en réalité le principe de l'inviolabilité du secret professionnel, car bien rarement le client prendra la précaution de recommander le secret à son notaire, et il est bizarre que celui qui a montré le plus

(1) Cass. (req.), 21 mars 1855 (S., 55, 1, 625). — Cass. (req.), 20 nov. 1876 (S., 78, 1, 273). — Cass. (req.), 11 mai 1891 (S., 92, 1, 254).

de confiance soit plus facilement trahi à cause de cette confiance même.

§ VII. — Tableau des interdits et des personnes pourvues d'un conseil judiciaire.

Il résulte des termes des articles 18 de la loi du 25 Ventôse an XI, 501 du Code civil, 897 du Code de procédure civile et des articles 92 et 175 du tarif du 16 février 1807 que les notaires sont tenus d'exposer en leur étude un tableau sur lequel sont inscrits les noms, prénoms, qualités et demeures des personnes qui, dans leur arrondissement, sont interdites ou assistées d'un conseil judiciaire. Cette pratique, qui permet aux tiers de se renseigner sur la capacité des personnes avec lesquelles ils se proposent de contracter, existait déjà dans l'ancien droit. Aujourd'hui les notaires sont informés des jugements portant interdiction ou nomination d'un conseil par les soins du secrétaire de la chambre des notaires qui, seul, en reçoit notification directement.

La loi parle d'un tableau : cependant à Paris et dans quelques grandes villes où la liste des personnes incapables dont il s'agit est assez longue, l'usage est de porter cette liste sur un registre, mais comme une affiche informe le public de l'existence du registre, il nous semble que le vœu du législateur est rempli (1).

(1) *Contrà* ELOY, *op. cit.*, I, p. 225. — RUTGEERTS et AMIAUD, *Comm.*, II, p. 851.

Dès que le notaire s'est conformé à la loi en affichant les noms des personnes interdites ou pourvues d'un conseil judiciaire, est-il déchargé de toute responsabilité ? Ou bien doit-il prendre soin d'examiner lui-même si les personnes qui se présentent pour contracter ne sont pas frappées de l'une ou de l'autre de ces incapacités ? En fait, le notaire se charge ordinairement, vu la facilité de la recherche, de consulter le tableau à la place des parties, mais enfin nous ne croyons pas que cet excès de précaution doive forcément lui incomber : aucun texte ne le dit ; c'est aux parties de se servir des moyens que la loi met à leur disposition pour contrôler leur capacité réciproque.

Cependant si le notaire savait pertinemment, sans avoir besoin de recourir au tableau en question, que l'un des contractants est en état d'interdiction ou pourvu d'un conseil judiciaire, il serait responsable de ne pas en avertir l'autre partie. Dans le cas donc où l'on pourra prouver que le notaire a gardé le silence sur une cause d'incapacité qu'il connaissait, il pourra lui être réclamé des dommages-intérêts.

§ VIII. — Dépôt d'extraits de contrats de mariages de commerçants.

L'article 68 du Code de Commerce impose aux notaires l'obligation de rendre publics les contrats de mariage qu'ils reçoivent quand l'un des époux est commerçant ; et pour cela, ils doivent transmettre un extrait de ces contrats aux greffes des tribunaux de première instance et de commerce et aux Chambres des notaires et avoués du domicile des époux. Cet envoi doit êtré fait dans le mois de la réception de l'acte, sous peine de 100 francs d'amende (réduite à 20 francs par l'article 10 de la loi du 16 juin 1824) et même de destitution et de responsabilité envers les créanciers si l'omission résultait d'une collusion.

Les tiers ont en effet grand intérêt à connaître par un moyen sûr, et avant de traiter avec eux, le régime adopté par les conjoints et les clauses que renferme leur contrat de mariage. Si le mari par exemple se déclare marié sous le régime de la communauté alors qu'il l'est sous le régime exclusif de communauté, dotal ou de séparation de biens, les créanciers trompés ne pourraient saisir des meubles qu'ils croyaient être leur gage et dont la femme est restée propriétaire. Or ils ne peuvent contrôler les dires du mari en exigeant de lui une expédition de son contrat de mariage, car il ne manquerait pas de prétendre qu'il n'en a pas fait et qu'il est par conséquent marié sous le régime de la communauté légale.

La loi a tout d'abord cherché à empêcher cette dissimulation du contrat de mariage, quand les époux sont commerçants, parce que la rapidité qu'exige alors la conclusion des affaires et leur fréquence plus grande expose les tiers à être plus facilement et plus souvent victimes d'une telle fraude.

De là l'obligation du dépôt que le notaire doit faire quand les futurs époux sont déjà commerçants lors du contrat de mariage. Si au contraire l'un des époux ne devient commerçant que plus tard, c'est à lui seul qu'incombe la nécessité du dépôt (et il ne pouvait en être autrement), mais seulement s'il est séparé de biens ou marié sous le régime dotal (art. 69 du Code de commerce).

Quand le notaire ne se sera pas conformé à cette prescription de la loi, les créanciers qui, par son fait, auront été induits en erreur et auront cru à l'inexistence d'un contrat de mariage, pourront lui réclamer des dommages-intérêts ; mais seulement, dit l'art. 68, au cas de collusion, quand il y aura eu entente frauduleuse entre ce fonctionnaire et les futurs époux à l'effet de tromper les tiers.

La responsabilité civile du notaire était donc strictement limitée par les termes du Code de commerce ; elle doit se trouver aujourd'hui encore plus rarement encourue depuis que la loi du 10 juillet 1850 a soumis à une certaine publicité tous les contrats de mariage, comme nous le verrons bientôt. Les particuliers, en se reportant aux actes de l'état civil, peuvent maintenant savoir de suite si ceux avec qui ils veulent traiter, qu'ils soient ou non commerçants, ont fait un contrat de mariage.

§ IX. — Dépôt des actes constitutifs de Société commerciale

Comme elle l'a exigé pour les contrats de mariage des commerçants, la loi veut que l'on rende publics les actes constitutifs de société commerciale, afin de permettre aux tiers de traiter en connaissance de cause. Sans doute, avant d'engager une affaire, les parties intéressées pourraient demander qu'on leur produise le contrat de société ou une expédition ; mais ce procédé pourrait gêner les transactions et ne présenterait pas les mêmes garanties que le dépôt ordonné par la loi.

L'article 42 du Code de Commerce exigeait la remise au greffe du tribunal de commerce d'un extrait des actes constitutifs de sociétés en noms collectif ou en commandite seulement. La loi du 24 juillet 1867 étend cette obligation : l'article 55 de **cette** loi décide que dans le mois de la constitution de toute société commerciale, un double de l'acte constitutif s'il est sous seing privé, ou une expédition s'il est notarié, sera déposé au greffe de la justice de paix et du tribunal de commerce du lieu dans lequel est établie la société.

Contrairement à ce qu'on lui a fait dire (1), la loi ne charge pas formellement le notaire de remettre lui-même l'expédition : il serait donc excessif de le rendre responsable si cette formalité qui est à la charge des associés n'était pas remplie ; il pourrait seulement être

(1) FONBENÉ, *op. cit.*, p. 214.

poursuivi en dommages-intérêts si l'expédition par lui délivrée était inexacte ou incomplète et était cause de lésion pour des tiers.

§ X. — Autres notifications.

Dans quelques cas spéciaux, le notaire doit encore prévenir non plus le public en général mais certaines personnes d'évènements qui les intéressent ou leur rappeler des formalités qu'elles ont à remplir.

I. Les notaires rédacteurs ou dépositaires d'actes contenant donation entre vifs ou disposition testamentaire en faveur d'un établissement public ou d'utilité publique, doivent en donner avis à ses représentants : quand il s'agit de dispositions de dernière volonté, la notification ne doit être faite qu'après l'ouverture du testament (Arrêté du 4 pluviôse an XII, décrets du 12 août 1807 et du 30 novembre 1809, ordonnance du 2 avril 1817, circulaires des 14 août 1816, 24 mai 1831 et 11 octobre 1844).

II. Les notaires doivent informer le receveur général des décès survenus parmi les titulaires de la Légion d'honneur et de la Médaille militaire inscrits sur leurs registres (Décret du 5 juin 1861, art. 19).

III. Ils doivent avertir le Ministre de la Justice des décès de titulaires de majorats dont ils dresseraient l'inventaire (décret du 4 mai 1807, art. 12).

IV. Enfin, l'article 1394, alinéa 2 du Code civil,

décide que le notaire appelé à recevoir un contrat de
mariage donnera lecture aux parties des derniers
alinéas des articles 1391 et 1394 du Code civil et fera
mention de cette lecture dans le contrat à peine de
dix francs d'amende ; le notaire devra, en outre,
conformément à l'alinéa final de l'article 1394 délivrer
aux parties au moment de la signature du contrat un
certificat sur papier libre et sans frais énonçant ses
noms et lieu de résidence, les noms, prénoms, qualités
et demeures des futurs époux, ainsi que la date de ce
contrat. Ce certificat indiquera qu'il doit être remis à
l'officier de l'état-civil avant la célébration du mariage.

Ces dispositions sont une innovation de la loi du
10 juillet 1850 que nous avons déjà signalée à propos
de la publication des contrats de mariage des commerçants. Elles sont édictées pour tous les contrats de
mariage sans distinction et ont pour but de permettre
aux tiers (1) de se renseigner sur le régime matri-
monial des époux.

La même loi a ajouté aussi un alinéa aux articles 75
et 76 du Code civil pour obliger l'officier de l'état-
civil à interpeller au moment de la célébration du
mariage les époux et les personnes qui autorisent le
mariage sur la question de savoir s'il a été fait un

_____

(1) Les tiers seront bien instruits de l'existence du contrat de mariage et
pourront ainsi déjouer les calculs de celui qui se prétendrait marié sous le
régime de la communauté légale à défaut de contrat, mais ils ne pourront
exiger communication du contrat par le notaire, sans ordonnance du président du Tribunal, comme pour les autres actes.

contrat de mariage; dans le cas de l'affirmative, il leur demandera la date du contrat ainsi que les nom et lieu de résidence du notaire qui l'a reçu ; enfin, il fera mention de leurs déclarations dans l'acte même du mariage.

Devant ce luxe de précautions déployé par la loi, il arrivera rarement qu'une action en dommages-intérêts pourra être intentée au notaire pour avoir omis les formalités qui lui sont imposées. Cependant il ne faut pas en conclure avec M. Eloy que le notaire, dans ce cas, ne sera jamais responsable. Si un tiers éprouve un préjudice du défaut de mention d'un contrat de mariage sur les registres de l'état civil, la responsabilité pourra être partagée, ce nous semble, entre l'officier de l'état civil négligent et le notaire qui, par le certificat délivré aux parties, aurait pu lui rappeler son devoir.

§ XI. — **Responsabilité du notaire en second.**

Comme nous le verrons dans la section suivante, les actes reçus par un notaire doivent être contresignés par l'un de ses collègues ou par deux témoins. Quelle sera la responsabilité du notaire en second qui apposera ainsi sa signature au bas d'un acte ?

Il faut faire, croyons-nous, la distinction dont nous reparlerons entre les actes qui doivent être reçus en la présence effective du second notaire et ceux qui peuvent être signés par lui après coup.

Quand il s'agit de ces derniers, on ne peut le moins du monde l'associer à la responsabilité qu'encourrait le notaire rédacteur de l'acte, car les notaires se font un devoir d'honneur de ne pas prendre connaissance du contenu des actes qu'on leur demande de signer en second ; et leur rôle se borne à apposer leur signature près de celle de leur collègue pour lui donner une sorte de « légalisation officieuse » (1).

Au contraire, pour les actes à la lecture et à la signature desquels le notaire en second doit réellement être présent, il est difficile de ne pas admettre que placé là pour donner plus de garantie aux parties, il ne doive répondre pour sa part des vices dont l'acte est entaché et qu'il aurait pu découvrir avec un peu d'attention ; mais en pratique le notaire en premier assume sur lui la responsabilité complète, car son confrère n'est intervenu que pour lui rendre service ; il aurait pu être remplacé par deux témoins qui, eux, auraient été exempts de toute responsabilité à moins de dol ou de faute lourde bien entendu.

§ XII. — Le notaire est-il le conseil des parties.

Nous abordons une question sur laquelle la jurisprudence et la doctrine sont loin d'être d'accord. Le notaire doit-il éclairer les parties sur l'étendue de

(1) Paris, 25 janvier 1834 (S., 34, 2, 81).

leurs obligations réciproques ? Est-il responsable quand un avis donné d'ailleurs de bonne foi n'aboutit pas au résultat désiré et trompe les espérances de l'une des parties (1) ?

La plupart des auteurs répondent négativement à ces questions. D'abord, en supposant bien entendu que le notaire n'est ni mandataire, ni gérant d'affaires des parties, on ne peut lui reprocher de n'avoir pas pris à sa charge une tâche qui ne rentre nullement dans le domaine de ses attributions professionnelles. De plus, les conseils donnés, nous le supposons, de bonne foi n'engendrent jamais de responsabilité parce que celui qui les reçoit n'est pas tenu de les suivre et que celui qui les donne n'est pas dans l'intention de s'obliger ; *nemo ex consilio obligatur*, dit Justinien d'après Gaïus (2).

Quoi qu'il en soit, la jurisprudence a trouvé le moyen de rendre les notaires responsables de toutes les irrégularités qui peuvent vicier un acte et des conséquences préjudiciables auxquelles il peut aboutir pour les parties.

A défaut d'un contrat de mandat exprès ou tacite qui justifierait la rigueur déployée contre les notaires, on a imaginé un mandat légal en vertu duquel ces fonctionnaires seraient tenus d'éclairer les parties sur

---

(1) Nous étudierons spécialement à la fin de la section suivante la responsabilité encourue par le notaire quand l'acte est nul par suite de l'incapacité des parties, de celle des témoins et de l'illégalité de la convention.

(2) *Inst. de mand.*, § VI, liv. III, t. XXVI.

la nature, la portée et les conséquences de leurs conventions, sur leurs droits et sur les moyens d'en
assurer la conservation et l'exercice.

Chose curieuse ! cette théorie du mandat légal fut
d'abord formulée par un arrêt de la Cour de cassation
dans un but favorable aux notaires. En effet, la Cour
suprême, dans un arrêt du 27 janvier 1812 (1), adoptait
pour la première fois cette idée du mandat pour permettre à un notaire de poursuivre solidairement contre
plusieurs de ses clients le recouvrement de ses frais et
honoraires. Le mince avantage que purent tirer les
notaires de cette manière de voir fut vite compensé
par les déductions funestes qu'elle entraîna contre eux.
C'est surtout à partir de 1840 que la jurisprudence fut
presque unanime à faire des notaires les mandataires
salariés des parties, obligés en cette qualité à veiller à
ce que les conventions de celles-ci réunissent toutes
les conditions désirables d'efficacité. « Les notaires ne
sont pas les rédacteurs passifs des actes authentiques,
disent en substance un grand nombre de jugements ;
la loi qui les institue a entendu leur donner un rôle
plus digne et plus élevé, elle les considère comme des
conseils désintéressés des parties, chargés de leur faire
connaître toute l'étendue de leurs obligations ; cette
mission est de l'essence même des fonctions du notaire ;
elle est indépendante du mandat plus ou moins large
que les parties ou l'une d'elles ont pu lui conférer pour

(1) S., 1812, 1, 198.

la surveillance et la gestion de leurs intérêts ; elle est particulièrement étroite, lorsque les contractants sont dans l'ignorance complète des affaires.

Qu'il y ait pour les notaires une obligation morale d'agir de la sorte, dans une certaine mesure, nous n'en doutons pas, mais ce que nous nions c'est que l'on puisse trouver dans notre loi positive la sanction expresse de ces devoirs si délicats qui ne relèvent que de la conscience.

La loi de Ventôse dit que les notaires sont des fonctionnaires établis pour recevoir les actes des particuliers ; il n'est pas question que ce fonctionnaire doive s'assurer que tous les actes qu'il reçoit sont parfaits à tous les points de vue, ni qu'il puisse refuser de les recevoir parce qu'ils ne lui paraissent pas absolument irréprochables ; et l'on forcerait ce fonctionnaire à garantir les parties des risques qu'il ne peut les empêcher de courir ?

La jurisprudence se contente de poser le principe de la responsabilité du notaire, sans citer aucun texte qui justifie ses allégations, et c'est sa condamnation. Comprendrait-on que le législateur de l'an XI ait voulu innover en cette matière et ne se soit pas expliqué plus clairement sur des obligations si étendues ?

Il nous semble que les tribunaux ont confondu la question de fait avec la question de droit. Sans doute il arrive souvent que les notaires s'offrent aux parties pour les guider, pour prendre en main tous leurs inté-

rêts, et alors leur devoir est de mener à bonne fin
l'affaire dont ils se sont chargés, mais il ne faut pas en
conclure que dans tous les cas et nécessairement ils
sont les agents d'affaires de ceux qui ont recours à
leur ministère.

Ainsi que le remarque M. Bauby (1), « l'interprète a
fait œuvre législative dans la question qui nous occupe,
il a bouleversé tous les principes reçus au sujet
du conseil, en invoquant l'existence à la charge du
notaire d'un mandat légal, qui restera à l'état de
pure allégation tant qu'on n'aura pas démontré que
« recevoir acte » de la volonté des parties implique
l'obligation de concourir à la formation de cette
volonté ».

Combien est impropre d'ailleurs cette qualification
de mandat donnée au prétendu rôle du notaire : celui-
ci, en effet, prête son concours à une personne réellement présente et agissant elle-même en son propre
nom, tandis qu'il résulte de l'article 1984 du Code
civil que le mandat suppose justement l'absence du
mandant et l'intervention d'un tiers en ses lieu et
place.

En conséquence, nous ne pensons pas que le
notaire doive forcément et dans tous les cas se substituer aux parties pour rechercher l'origine de propriété d'un immeuble vendu et établir sa situation

(1) *Op. cit.*, p. 170.

hypothécaire. Il est vrai qu'en pratique le notaire n'a garde de ne pas le faire, étant données les exigences de la jurisprudence qui n'hésiterait pas à lui donner tort s'il s'affranchissait de cette soi-disant obligation : mais cette habitude constante du notariat n'a-t-elle pas amené une confusion entre le fait et le droit, si bien que la plupart des notaires eux-mêmes se croient formellement astreints à établir l'origine de propriété des biens vendus par leur ministère et de vérifier s'ils ne sont pas grevés d'hypothèques? Nulle part la loi ne leur prescrit de prendre cette initiative. S'ils n'ont pas reçu mandat de l'acheteur à cet égard, peut-on leur reprocher de ne pas se constituer gérants d'affaires dans l'intérêt de ce dernier ?

Pour justifier cette charge nouvelle mise sur les épaules du notaire, on dit que celui-ci prend pour honoraires un pour cent du prix de vente, qu'il ne lui est pas plus difficile de rédiger un contrat de vente de 100,000 francs qu'un autre dont le prix sera infime et que, par suite, son salaire proportionné à la valeur de l'immeuble en jeu ne s'explique que par le recours que l'acquéreur pourrait exercer contre lui au cas d'éviction. Pourtant si l'acquéreur, s'en rapportant à la bonne foi du vendeur et sans vouloir consulter les registres hypothécaires et de transcription, requiert le notaire de dresser acte de la vente qui lui est faite, l'officier public ne pourra refuser d'obtempérer à cette réquisition, il ne saurait évidemment être rendu res-

ponsable si l'acquéreur vient à être évincé, et il aura
bien droit néanmoins à la totalité de ses honoraires.
C'est donc que ces honoraires sont la compensation
d'autres risques : la responsabilité du notaire est bien
assez étendue en ce qui concerne la réception, la
rédaction, la conservation de l'acte de vente, pour qu'il
retienne un pour cent sur le prix. Il ne lui en coûte
pas plus, dit-on, de rédiger une vente importante
qu'une vente insignifiante : les formalités sont les
mêmes dans les deux cas ; c'est possible, mais on ne
considère pas qu'il s'expose dans le premier cas à
encourir des dommages-intérêts bien plus considérables
que dans le second, par suite d'une faute, d'une simple
négligence apportée dans l'exercice de ses devoirs
professionnels et qu'avec la meilleure volonté du
monde on ne peut toujours éviter.

Nous ajouterons encore cet argument. Certaines
cours (1) et notamment la Cour de Paris (2) s'étaient
appuyées sur la théorie du mandat légal pour obliger
le notaire, comme officier public, à remplir les formalités complémentaires destinées à conserver les droits
des parties contractantes : transcriptions, inscriptions,
radiations.... La Cour de cassation, dans un arrêt du
14 février 1855 (3), condamna ce système et depuis la

(1) Poitiers, 30 juin 1847 (D., 47, 2, 190).
(2) Paris, 21 mai 1851 (S., 51, 2, 561). — Paris, 27 août 1852 (S., 52, 2, 550).
— Paris, 22 juin 1853 (*Journal des notaires*, 14988). — Paris, 18 janv. 1854
(S., 55, 2, 270). — Paris, 13 juin 1854 (S., 54, 2, 695).
(3) S., 55, 1, 171.

jurisprudence est presque unanime à reconnaître que
« les notaires ne sont pas tenus, aux termes de la loi
de leur institution, d'accomplir les formalités qui ont
pour but d'assurer l'efficacité ou l'exécution des actes
qu'ils reçoivent. » Eh bien ! si le notaire n'est pas le
mandataire légal des parties au point de vue des précautions à prendre après la passation de l'acte, pourquoi le serait-il pour les précautions à prendre avant ;
la loi ne lui impose pas plus cette obligation dans un
cas que dans l'autre.

Mais il y a loin de la théorie à la pratique ;
nous ne conseillons pas aux notaires de ne pas
établir avec soin l'origine de la propriété des immeubles qui font l'objet d'une vente authentique, puisque
les tribunaux les déclareraient en faute s'ils ne le
faisaient pas, ou s'ils commettaient des erreurs en le
faisant.

Disons en terminant qu'en ce qui concerne les ventes
d'immeubles, on a proposé une innovation qui serait
fort sage : ce serait de faire de ces ventes des contrats
solennels. Si l'on prend soin de déterminer bien exactement quels seront alors les devoirs du notaire, nous
croyons que cette réforme profiterait à tous. Les
notaires, outre qu'ils seraient seuls compétents pour
dresser ces actes, ne seraient plus exposés à voir leur
responsabilité appréciée d'une manière aussi arbitraire
par les tribunaux ; d'un autre côté, les particuliers y
trouveraient l'avantage d'une rédaction toujours claire

et précise, et donnant moins facilement prise à des
difficultés que quand l'acte est sous seing privé ; enfin
il serait d'un intérêt général d'assurer par ce moyen
dans tous les cas, la conservation des contrats relatifs
à la transmission de la propriété.

SECTION II.

RESPONSABILITÉ A RAISON DE LA NULLITÉ DES ACTES.

Après avoir examiné les obligations professionnelles
du notaire autres que celles qui se rattachent à la
réception même des actes, nous allons maintenant
étudier l'étendue de ses devoirs relativement à cette
partie de son ministère qui constitue la plus importante de ses attributions et est, par suite, une source
fréquente de responsabilité.

Les actes reçus par les notaires peuvent être nuls
d'abord parce que les formes prescrites par la loi pour
leur rédaction n'ont pas été observées, ensuite parce
que le fond même de l'acte manque d'une condition
essentielle à sa validité. Nous distinguerons donc les
vices de forme et les vices de fond pour déterminer
la part de responsabilité qui résulte pour les notaires
de la nullité de leurs actes.

§ I. — Vices de forme.

Parmi les formalités qui doivent être observées dans les actes notariés, les unes s'appliquent à tous les actes en général, les autres sont spéciales à certains actes particuliers ; nous allons les examiner successivement.

N° 1. — FORMALITÉS COMMUNES A TOUS LES ACTES NOTARIÉS

Elles concernent la réception même des actes et la manière dont ils doivent être rédigés.

1° Réception.

L'article 9 de la loi de Ventôse an XI dit que « les actes sont reçus par deux notaires ou par un notaire assisté de deux témoins... ». La fin de cet article a été modifiée par la loi du 7 décembre 1897, mais comme elle est relative à la capacité requise pour être témoin, nous l'étudierons plus loin à propos des vices de fond.

Pour se conformer à la loi, le notaire doit donc *recueillir en personne* les déclarations des parties et leurs signatures. Cela ne veut pas dire qu'il ait à rédiger de sa main la convention telle qu'on la lui expose, mais il doit assister à la lecture de l'acte, s'assurer qu'il est bien l'expression de la volonté des parties et recevoir les signatures. Comme le dit M. Fonbené (1), « la réception des actes entendue en ce

(1) *Op. cit.*, p. 121.

sens est le but essentiel et principal de l'institution du notariat et il n'est pas douteux que l'officier public assez oublieux de ses devoirs à ce sujet pour mettre au rang de ses minutes un acte rédigé et signé par les parties hors de sa présence ne fût passible des dommages-intérêts des parties en cas de nullité de l'acte ».

Et cependant il existe un usage assez général, surtout dans les villes, qui consiste à faire signer l'acte par les parties même en l'absence du notaire, lequel n'appose que plus tard sa signature et son paraphe. Sans doute quand les parties sont honnêtes, elles se considèrent comme liées du moment qu'elles ont donné leur signature, et l'acte signé après coup par le notaire se trouve régularisé : personne ne songera à l'attaquer ; mais il n'y a pas que des gens de bonne foi, le notaire doit se le rappeler, et en usant inconsidérément de la pratique que nous avons signalée, il s'expose à voir ceux qui désirent se dégager des obligations par eux acceptées, arguer de la nullité de l'acte qu'ils ont signé sans qu'il fût présent. Et comme les tribunaux admettent universellement (1) cette nullité de l'acte au moins comme authentique, le notaire pourra être poursuivi en dommages-intérêts par ceux à qui la nullité déclarée causera préjudice.

Il y aura préjudice évident si l'acte annulé était un

(1) Paris, 17 déc. 1829 (S., 30, 2, 119). — Cass. (req.)., 16 avril 1845 (S., 45, 1, 654). — Cass., 27 janv. 1869 (S., 70, 1, 169).

de ceux qui doivent être faits nécessairement dans la forme authentique, comme les contrats de mariage, les donations entre vifs, les constitutions d'hypothèque ; l'acte est alors complètement nul et même inexistant.

Quant aux autres actes, certains jugements (1) ont également déclaré qu'ils n'ont aucune valeur, même comme actes sous seing privé et quand même toutes les parties les auraient signés. La question est encore discutée ; cependant la jurisprudence argumentant des articles 1318 du Code civil et 68 de la loi de Ventôse, applique plus généralement aujourd'hui la solution inverse (2), et dans ce cas le défaut d'authenticité de l'acte ayant des conséquences bien moins graves, la responsabilité du notaire en est d'autant diminuée.

D'après les termes de l'article 9, le second notaire ou les deux témoins devraient être également présents au moment de la réception de l'acte. Mais conformément à ce qui se pratiquait dans l'ancien droit, les notaires du début de ce siècle se contentaient de faire signer, après les parties et hors de leur présence, par les seconds notaires ou les témoins, les actes qu'ils recevaient, sauf les dispositions de dernière volonté. Cette habitude avait même été validée par plusieurs arrêts de la Cour de cassation quand, en 1841, la Cour

_____

(1) Nancy, 5 déc. 1867 (S., 68, 2, 3).
(2) Cass., 10 déc. 1884 (S. 85, 1, 166). — Cass. (req.), 16 fév. 1886 (S. 87, 1, 10). — Chambéry, 10 fév. 1888 (*Journ. des not.*, 24031).

suprême rendit dans le sens opposé deux arrêts (1) qui soulevèrent un tolle général. Pour calmer le légitime émoi provoqué par cette nouvelle jurisprudence, le gouvernement présenta aux Chambres un projet de loi rédigé par M. Philippe Dupin et qui devint la loi du 21 juin 1843.

Cette loi décida que les actes rédigés antérieurement ne pourraient être annulés pour le motif que le notaire en second ou les témoins instrumentaires n'auraient pas été présents à leur réception. Quant à l'avenir, elle détermina limitativement les actes pour lesquels la présence effective des témoins ou du second notaire serait nécessaire, ce sont : les donations entre vifs, les donations entre époux pendant le mariage, les révocations de donations ou de testaments, les reconnaissances d'enfants naturels, et les procurations pour consentir ces divers actes. En ce qui concerne les testaments, l'article 4 de cette loi prit soin de dire qu'ils continuaient d'être régis par les dispositions du Code civil : conformément à l'article 971 de ce Code, la présence réelle des témoins ou du notaire en second fut donc exigée après comme avant la loi de 1843. Pour les autres actes (2), la pratique ancienne est légalement consacrée et ne peut plus donner lieu à discussion.

(1) 25 janvier 1841 (S., 41, 1, 105). — 16 nov. 1841 (S., 42, 1, 128).

(2) Même les contrats de mariage contenant donation, ainsi qu'il a été décidé par la Chambre des députés lors de la discussion de la loi (Séance du 14 mars 1843).

2° *Rédaction.*

Les articles 12 à 18 de la loi de Ventôse contiennent les règles qui se rapportent à la rédaction des actes notariés. Parmi ces règles, les unes sont prescrites à peine de nullité de l'acte ; les autres au contraire n'entraînent qu'une amende contre le notaire contrevenant. Ce n'est qu'en cas de nullité que la responsabilité civile du notaire rédacteur pourra être engagée ; mais pour présenter une vue d'ensemble des devoirs du notaire qui rédige un acte, nous énoncerons d'abord et sans commentaires les prescriptions dont la violation est sanctionnée par une simple peine pécuniaire et nous entrerons ensuite dans les détails relatifs aux dommages-intérêts auxquels peuvent donner lieu les vices de rédaction.

A. — *Règles édictées sous peine d'amende.* — 1° Tous les actes doivent énoncer les nom et lieu de résidence du notaire qui les reçoit à peine de 100 francs d'amende (20 francs depuis la loi du 16 juin 1824) contre le notaire contrevenant (art. 12, alinéa 1er).

2° Les actes des notaires doivent être écrits en un seul et même contexte, lisiblement et sans abréviation, blanc, lacune, ni intervalle ; ils doivent contenir les noms, prénoms, qualités et demeures des parties, ainsi que des témoins qui seraient appelés dans le cas de l'article 11 (témoins certificateurs). Ils doivent énoncer en toutes lettres les sommes et les dates ; les procurations des contractants doivent être annexées à la minute, qui doit faire mention que lecture de l'acte a été faite aux parties ; le tout à peine de 100 francs d'amende (20 francs aujourd'hui) contre le notaire contrevenant (article 13).

3° Le notaire qui contrevient aux lois et aux arrêtés du gouvernement concernant les noms et qualifications supprimées, les clauses et expressions féodales, les mesures et la numération décimale, est condamné à une amende de 100 francs (20 francs maintenant) qui est double en cas de récidive (article 17).

B. — *Règles édictées sous peine de nullité.* — 1° L'alinéa 2 de l'article 12 prescrit que les actes énonceront « les noms des témoins instrumentaires, leur demeure, le lieu, l'année et le jour où les actes sont passés sous les peines prononcées par l'article 68 et même de faux si le cas y échoit ».

Ce sont là des énonciations absolument indispensables pour donner à l'acte son caractère authentique.

Remarquons que la loi n'exige pas l'indication du nom du notaire en second qui signera l'acte ; quand sa présence n'est pas requise au moment même de la réception, on se contente de le désigner en disant que l'acte est passé devant tel notaire *et son collègue*.

La loi ne demande pas non plus qu'on indique les prénoms et la profession des témoins instrumentaires, à la différence de ce qu'elle établit pour les témoins certificateurs : on ne saurait donc reprocher au notaire d'avoir omis ces énonciations.

2° L'article 14 de la loi de Ventôse est ainsi conçu : « Les actes sont signés par les parties, les témoins et les notaires qui doivent en faire mention à la fin de l'acte », et l'article 68, se référant à cet article 14, frappe de nullité l'acte authentique fait en contravention à ces dispositions.

Nous savons que la signature des témoins instrumentaires et du notaire en second, hors quelques cas spéciaux, n'a pas besoin d'être donnée en présence des parties.

Pour le notaire rédacteur lui-même, la même solution résulte de la discussion de l'article 14 qui nous occupe en ce moment ; le mot simultanément que l'on voulait insérer dans ce texte fut écarté après discussion ; mais comme nous l'avons dit aussi, le notaire doit être présent à la signature des parties.

En quoi doit consister la signature ? La signature, comme l'indique son nom, est un signe, une preuve ; elle sert à attester l'individualité de la personne qui l'a apposée : elle doit consister en principe dans l'indication lisible et régulière du nom de famille du signataire.

Les femmes signent de leur nom de fille auquel elles peuvent joindre le nom de leur mari.

Il est peu de règles si mal observées que celles-ci. Beaucoup d'hommes d'affaires signent illisiblement

6

d'autres signent par abréviation, par initiales ou en indiquant un surnom.

C'est aux tribunaux de décider si la signature présente une preuve suffisante de l'individualité et pour cela ils doivent se reporter aux habitudes du signataire.

D'ailleurs, qu'une signature soit annulée comme insuffisante, le notaire n'en est pas responsable ; il est à l'abri dès qu'il y en a une, si informe soit-elle. Il ne peut forcer une partie à signer autrement qu'elle ne le fait, ni refuser son ministère sous le prétexte que son client n'écrit pas assez bien.

Le notaire ne doit pas se contenter de recueillir les signatures ; il doit faire mention à la fin de l'acte que les comparants ont signé ou qu'ils ont déclaré ne le savoir ou ne le pouvoir faire. A lire l'article 14 il semblerait que le notaire dût attester de la même manière qu'il a signé lui aussi. Mais le Conseil d'État, par un avis du 20 juin 1810, a décidé que l'intention du législateur n'était pas d'annuler les actes où le notaire aurait oublié de mentionner sa propre signature et qu'il suffisait qu'il ait réellement signé.

3° « Les renvois et apostilles ne peuvent, sauf l'exception ci-après, être écrits qu'en marge ; ils sont signés ou paraphés, tant par les notaires que par les autres signataires à peine de nullité des renvois et apostilles. Si la longueur du renvoi exige qu'il soit transporté à la fin de l'acte, il doit être non seulement signé ou paraphé, comme les renvois écrits en marge, mais encore expressément approuvé par les parties à peine de nullité du renvoi » (article 15).

Le renvoi est le signe, la marque de l'apostille ; l'apostille est l'annotation mise sous cette marque pour suppléer un ou plusieurs mots omis dans le texte, ou pour réparer une erreur ; par métaphore, le renvoi s'entend souvent de l'apostille elle-même.

Le notaire doit veiller à ce que les parties se conforment aux prescriptions ci-dessus, car il serait responsable de la nullité du renvoi, nullité qui pourrait entraîner celle de l'acte tout entier, si le renvoi avait pour objet une chose essentielle au contrat comme la date, le prix dans une vente.

4° « Il ne doit y avoir ni surcharge, ni interligne, ni addition dans le corps de l'acte et les mots surchargés, interlignés ou ajoutés sont nuls. Les mots qui doivent être rayés le sont de manière que le nombre puisse en être constaté à la marge de leur page correspondante ou à la fin de l'acte et approuvés de la même manière que les renvois écrits en marge : le tout à peine d'une amende de 50 francs (réduite à 10 francs par la loi du 16 juin 1824) contre le notaire, ainsi que de tous dommages-intérêts et même de destitution en cas de fraude (article 16).

La remarque faite sur la nullité des renvois s'applique aussi à la nullité des mots surchargés, interlignés ou ajoutés, à savoir qu'elle est susceptible de rendre nul l'acte tout entier. Si c'est la date, par exemple,

qui est surchargée, l'acte public est nul comme
n'étant pas daté ; sa nullité est radicale et n'est
pas couverte par l'exécution que l'acte a reçue (Cass.,
27 mars 1811).

Le défaut d'approbation de la rature a pour conséquence de détruire l'effet de celle-ci et par suite de
faire considérer comme valables les mots rayés.

Le notaire doit, en comptant les mots rayés, avoir
bien soin de n'en pas oublier, autrement il serait impossible de reconnaître ceux qui ont été approuvés et
ceux qui ne l'ont pas été ; et en cas de contestation sa
négligence pourrait le faire condamner à des dommages-intérêts.

Terminons en examinant deux questions non pré-
vues par la loi de Ventôse.

En quelle langue doivent être rédigés les actes notariés ? L'emploi de la langue française est-il obligatoire?

Dans l'ancien droit, l'ordonnance de Villers-Cot-
terets (août 1539) prescrivit dans son article 111 que
tous les actes publics seraient rédigés en français.
Une loi du 2 thermidor an II portait que nul acte ne
pourrait, dans quelque partie que ce fût du territoire
français, *être écrit qu'en langue française,* mais l'exécution de cette loi fut suspendue indéfiniment peu de
temps après sa publication. Enfin, un arrêté du 24
prairial an XI ordonna que les actes publics, dans les
départements nouvellement réunis à la France et dans

les autres où l'usage de dresser lesdits actes en langue étrangère se serait maintenu, fussent tous écrits en langue française. Toutefois, le même arrêté porte que les officiers publics pourront écrire à mi-marge de la minute française la traduction en idiome du pays lorsqu'ils en seront requis par les parties.

Nous croyons donc que les minutes des notaires doivent au moins contenir une rédaction française des conventions des parties : la plupart des auteurs déclarent nuls les actes uniquement écrits en langue étrangère. La jurisprudence est moins affirmative ; la Cour de cassation a tantôt validé (1), tantôt annulé (2) de tels actes, s'inspirant surtout des circonstances et des faits de la cause.

Enfin les notaires peuvent-ils, pour les actes de leur ministère, employer des formules imprimées ou lithographiées ?

L'article 13 de la loi de Ventôse dit que les actes des notaires doivent être *écrits en un seul et même contexte,* cela semble bien dire qu'ils doivent être manuscrits ou qu'en tous cas on ne peut faire alterner l'impression et l'écriture ordinaire. Cependant on tolère l'usage pour les actes simples, qui se reproduisent souvent, comme les baux, de formules imprimées dont il suffit de remplir les blancs à la main pour indiquer les noms des comparants, la date de l'acte, etc.

(1) Cass., 1er mars 1830 (S., 30, 1, 83). — Cass. (req.), 22 fév. 1879 (*Revue du notariat,* n° 5846).
(2) Cass., 4 août 1859 (S., 60, 1, 239).

L'Etat approuve même cette pratique puisqu'il remet lui-même aux notaires des feuilles imprimées pour les certificats de vie.

No 2. — FORMALITÉS SPÉCIALES A CERTAINS ACTES.

Les règles générales que nous venons d'étudier n'ont pas paru suffisantes au législateur relativement à certains actes qu'il a entourés d'une plus grande sollicitude. Pour la réception et la rédaction de ceux-ci il a prescrit des formalités spéciales que nous trouvons parsemées dans divers articles des Codes. Nous allons les grouper ici et exposer successivement celles qui se rapportent aux testaments, aux donations, aux actes respectueux, aux inventaires. Pour d'autresactes simples au contraire, comme les certificats de propriété et de vie, l'observation de toutes les formalités de la loi de Ventôse n'a pas paru nécessaire ; nous verrons en terminant les obligations du notaire à leur égard.

1°. — *Testaments*

Il y a trois sortes de testaments : olographes, publics et mystiques ; le notaire n'intervenant que dans les deux derniers, nous n'avons qu'à nous occuper de ces deux variétés.

A. — *Testament public.* — Les articles 971 à 975 du Code civil contiennent les dispositions spéciales qui règlent la forme de cet acte.

1° Il doit d'abord être reçu par *deux* notaires

assistés de *deux* témoins ou par *un* notaire en présence de *quatre* témoins (article 971).

Ainsi la loi, pour assurer plus parfaitement la sincérité des dernières volontés du testateur, exige le concours d'un plus grand nombre de personnes que pour les actes ordinaires.

Nous avons dit aussi que la présence réelle des quatre témoins ou du notaire en second et des deux témoins a toujours été reconnue comme nécessaire pendant toute la confection du testament, c'est-à-dire, comme nous allons le voir de suite, pendant la dictée, la rédaction, la lecture et la signature.

Nous verrons enfin, à propos des vices susceptibles d'affecter le fond même des actes, que la capacité requise chez les témoins n'est pas la même pour les testaments que pour les autres actes.

2° L'article 472 porte que le testament est dicté par le testateur et doit être écrit par le notaire.

Les sourds-muets ne peuvent donc faire de testament authentique ; mais une personne qui ne connaîtrait pas le français pourrait dicter ses dernières volontés à un notaire qui comprendrait sa langue. Celui-ci fera séance tenante la traduction et agira prudemment, pour mettre sa responsabilité à couvert en cas de contestation, en reproduisant également à mi-marge le texte tel qu'il lui est dicté en langue étrangère.

Si le notaire n'entend pas la langue parlée par le testateur, il faudra recourir à un interprète ; il est admis généralement qu'un des témoins ne pourrait pas remplir ces fonctions d'interprète ; et certains auteurs exigent d'autre part que l'interprète réunisse les conditions de capacité des témoins instrumentaires.

Le notaire doit écrire le testament lui-même ; s'ils sont deux ils peuvent l'écrire alternativement.

L'article 972 dit ensuite qu' « il doit être donné lecture du testament en présence des témoins » ; il n'impose donc pas au notaire l'obligation de le lire en personne et certains arrêts ont même argumenté de cette particularité du texte pour reconnaître au sourd la faculté de tester valablement dans la forme authentique, puisque le testateur peut lui-même donner lecture de l'acte écrit sous sa dictée et vérifier ainsi si ses intentions ont été bien comprises et bien reproduites.

L'article qui nous occupe se termine ainsi : « il est fait du tout mention expresse » ; et l'inaccomplissement de cette simple prescription annulerait le testament tout entier aux termes de l'article 1001. Aussi les notaires doivent-ils choisir avec soin la formule qui relate la stricte observation des règles posées pour la dictée, l'écriture et la lecture du testament ; fréquemment des clauses insérées pour constater l'exécution de ces diverses formalités ont été jugées insuffisantes par les tribunaux qui ont, par suite, prononcé la nullité de tout le testament et la responsabilité du notaire rédacteur.

Ainsi il a été décidé que les mentions suivantes ne prouvaient pas que le testament ait été *dicté* au notaire : le testateur a dit, le notaire a écrit mot à mot (1) ; le testament a été écrit par le notaire conformément à la volonté du testateur clairement manifestée (2).

De même, le fait de l'*écriture par l'un des notaires* ne résulterait pas suffisamment de l'emploi de l'une de ces formules : le notaire a retenu le testament au fur et à mesure qu'il lui a été dicté ; — le testateur a dicté le testament et l'acte a été passé et rédigé par le notaire ; le sieur X *nous* a dicté... (3)

Enfin il a été jugé que la *lecture* du testament au testateur en présence des témoins n'était pas assez nettement établie par ces phrases : le testament a été lu par le notaire dans l'appartement du testateur et à côté de son lit (4) ; — lecture du testament a été faite en présence des témoins, etc. (5).

3° Les articles 973 et 974 se rapportent aux signatures : « le testament [doit être signé par le testateur ; s'il déclare qu'il ne sait on ne peut signer, il sera fait dans l'acte mention expresse de sa déclaration ainsi que de la cause qui l'empêche de signer. Le testament

---

(1) Paris, 17 juillet 1806 (S., 6, 2, 191). — Dijon, 12 avril 1820 (S., 23, 2, 74).
(2) Cass. (req.), 12 août 1834 (S., 35, 1, 202). — Cass. (req.), 14 déc. 1886 (S., 87, 1, 167).
(3) Cass., 3 juin 1891 (*Rev. du not.*, n° 8510). — Angers, 28 déc. 1891 (*Rev. du not.*, n° 8615). — Cass. (req.), 23 janv. 1893 (*Rev. du not.*, n° 8843).
(4) Aix, 11 mai 1807 (S., 7, 2, 24).
(5) Turin, 30 frimaire an XIV (S., 6, 2, 65).

devra être signé par les témoins et néanmoins dans les campagnes il suffira qu'un des deux témoins signe si le testament est reçu par deux notaires et que deux des quatre témoins signent s'il est reçu par un notaire. »

Si le testateur ne sait pas signer, la simple déclaration de ne savoir signer ne suffit pas comme pour les actes ordinaires, il faut encore que la cause qui l'en empêche soit indiquée, par exemple parce qu'il n'a jamais su, ou à cause de son état de faiblesse.

Au point de vue de la signature des témoins, la loi est au contraire moins exigeante que pour les autres actes ; si elle en veut un plus grand nombre elle ne demande pas qu'ils soient aussi instruits, il suffit, dans les campagnes, que la moitié sachent signer. Seulement le législateur, ne précisant pas ce qu'il entend par campagne, le notaire fera bien de n'user qu'avec réserve de la faculté qui lui est accordée.

Le notaire doit-il en outre mentionner, comme pour les autres actes, la signature des témoins et du testateur ? Des doutes se sont élevés à ce sujet parce que le Code civil ne rappelle pas à l'égard des testaments la nécessité de cette formalité posée dans la loi de Ventôse pour les actes ordinaires. S'appuyant sur le principe *Specialia generalibus derogant*, des auteurs ont soutenu que la mention des signatures n'était pas nécessaire puisque la loi spéciale à la forme des testaments ne l'exigeait pas ; M. Mourlon conclut aussi des mêmes motifs que la mention des noms et demeures des témoins n'est pas non plus requise dans les testaments. Mais ces décisions ne sont-elles pas contraires à l'esprit de la loi qui, pour les testaments, se montre plus rigoureuse ? Ne peut-on pas dire qu'en plus des formalités spécialement établies pour ces actes, le Code a entendu conserver les autres garanties instituées par voie de dispositions générales ? Tout le monde admet que les règles de la loi de Ventôse sur les renvois, surcharges, abréviations, s'appliquent aux testaments bien que le Code civil ne le dise pas expressément ; il n'y a pas de raison pour ne pas requérir aussi l'observation des autres obligations auxquelles la loi spéciale n'a pas formellement dérogé.

B. — *Testament mystique.* — Il se trouve réglementé par les articles 976 à 979 du Code civil. Comme il est rédigé sans le concours du notaire, celui-ci ne peut être responsable des vices inhérents à sa confection.

Le rôle de l'officier public consiste à le recevoir clos et scellé, devant six témoins. Le testateur doit déclarer que le papier remis au notaire est son testament signé de lui. Le notaire rédige séance tenante l'acte de suscription sur le papier ou sur la feuille qui lui sert d'enveloppe, et le testateur et les témoins le signent avec le notaire ; au cas où le testateur ne pourrait signer, il sera fait mention de la déclaration qu'il en aura faite. Enfin, si le testateur n'avait pas non plus signé le testament lui-même (à la condition qu'il ait pu le lire) il suffira d'appeler un septième témoin qui signera comme les autres et de mentionner la cause de son intervention.

Le notaire doit en outre évidemment se conformer aux règles ordinaires des actes notariés, notamment à celles des articles 12 à 17 de la loi de Ventôse.

2° Donations.

Nous avons dit que la loi du 21 juin 1843 avait rangé parmi les actes exigeant la présence réelle du notaire en second ou des deux témoins les donations entre vifs et les donations entre époux pendant le mariage.

L'article 932 du Code civil prescrit en outre l'acceptation expresse du donataire : le notaire doit donc veiller à ne pas oublier cette mention dont le défaut empêcherait la donation d'exister et donnerait lieu par conséquent à une réparation civile.

L'article 948 du même Code exige encore sous peine de nullité qu'à tout acte de donation d'effets mobiliers soit annexé un état estimatif des biens donnés, signé par le donateur et le donataire ou par ceux qui acceptent pour lui. Le notaire répondra encore du préjudice dont il serait cause en n'observant pas cette prescription de la loi.

La Cour de cassation a même jugé (arrêt du 11 avril 1854) que l'état estimatif qui doit accompagner les donations mobilières est nécessaire même au cas de donation d'objets incorporels.

3°. — Actes respectueux

L'article 154 du Code civil porte que « l'acte respectueux sera notifié à celui ou à ceux des ascendants désignés en l'article 151 par deux notaires ou par un notaire et deux témoins et dans le procès-verbal qui doit en être dressé il sera fait mention de la réponse ».

La loi désire que le notaire fasse la notification à la personne même des ascendants dont l'enfant doit requérir le conseil, puisque le procès-verbal doit mentionner la réponse qui sera faite. Cependant l'ascendant, en se tenant éloigné de son domicile ou en refusant de recevoir le notaire, ou même simplement en refusant de lui répondre, pourrait-il empêcher la réalisation de cette formalité. Ce serait inadmissible. Ce que veut le Code c'est que le notaire fasse son possible pour voir l'ascendant lui-même et conférer avec lui : il ne devra donc pas profiter du moment où il sait l'ascendant absent pour se présenter à son domicile et y déposer sa requête ; mais si fortuitement cet ascendant est absent ou que présent il ne veut pas le recevoir, le notaire pourra laisser l'acte respectueux au domicile de l'ascendant ; et même si le notaire, après avoir notifié à personne la sommation respectueuse, ne reçoit pas de réponse, il se contentera de mentionner ce fait dans son procès-verbal.

La loi ne dit pas si l'acte respectueux et le procès-

verbal peuvent être rédigés en un seul et même acte ;
de nombreuses décisions de tribunaux et la plupart
des auteurs l'admettent ; cependant l'opinion qui
domine en jurisprudence fait une distinction : elle
permet que l'acte respectueux et sa notification ne
forment qu'un seul et même acte seulement quand
l'enfant qui requiert la notification accompagne l'officier public auprès de son ascendant. Mais comme en
fait, ce cas est l'exception, il faut ordinairement deux
actes distincts.

4° *Inventaires.*

L'article 943 du Code de procédure civile impose
au notaire une série de mentions et de formalités qu'il
doit réaliser au moment de la confection d'un inventaire ; il dit notamment que les papiers qu'il trouvera
devront être cotés et paraphés par lui.

Dans la pratique, cette précaution requise par la loi
n'est pas toujours observée pour les titres au porteur,
parce qu'elle apporterait une grande gêne dans la libre
circulation de ces valeurs, à cause de la défiance que
suggérerait l'apposition de la cote et du paraphe. Une
jurisprudence constante admet qu'il suffit au notaire,
pour mettre sa responsabilité à couvert, de déposer
dans une caisse publique les titres au porteur qu'il
rencontrerait dans un inventaire, et d'inventorier simplement le récépissé constatant ce dépôt.

Dans les inventaires de biens de mineurs, le notaire

APPLICATION AUX CAS DE RESPONSABILITÉ PROFESSIONNELLE. 95

est tenu de faire une interrogation spéciale au tuteur, ainsi qu'il résulte de l'article 451 du Code civil ainsi conçu : « Dans les dix jours qui suivront sa nomination dûment connue de lui, le tuteur requerra la levée des scellés s'ils ont été apposés et fera procéder immédiatement à l'inventaire des biens du mineur en présence du subrogé-tuteur. S'il lui est dû quelque chose par le mineur, il devra le déclarer *dans l'inventaire* à peine de déchéance, et ce *sur la réquisition que l'officier public sera tenu de lui en faire et dont mention sera faite au procès verbal* ».

Le tuteur n'encourt de déchéance que si la réquisition lui a été faite par le notaire ; à son égard donc l'officier public ne saurait être civilement responsable pour avoir négligé de se conformer à la loi. Mais vis-à-vis du mineur, il en est autrement : ce dernier pourra éprouver un préjudice du défaut de déclaration si le tuteur vient à faire valoir une créance dont rien ne garantit la sincérité ; aussi pourra-t-il mettre en cause le notaire qui a manqué à ses obligations professionnelles.

5° *Certificats de propriété.*

Ce sont les actes par lesquels un officier public, ordinairement un notaire, atteste l'existence d'un droit de propriété ou de jouissance sur une créance ou une valeur déterminée.

Le plus souvent les certificats de propriété demandés

aux notaires ont pour but de faire opérer une mutation de rente sur l'Etat. En conformité de la loi du
28 floréal an VII, ces certificats doivent contenir :
1° les nom, prénoms et domicile du nouveau propriétaire ou jouissant ; 2° la qualité en laquelle il procède
ou possède, c'est-à-dire la qualité d'héritier, de do
nataire ou de légataire du précédent titulaire ; 3° l'indication de sa part dans la rente ; 4° l'époque de son
entrée en jouissance ou à compter de laquelle il a droit
aux arrérages.

D'après la même loi, le droit de délivrer ces certificats appartient au notaire détenteur de la minute soit
de l'inventaire, soit du partage, donation, testament
ou de tout autre acte translatif du droit, et au juge de
paix lorsqu'il n'existe aucun de ces actes en la forme
authentique. Cependant les notaires avaient pris l'habitude de délivrer des certificats en cas de mutation
d'un titre de rente par suite de décès, même sans être
en possession d'un des titres sus-énoncés. Les tribunaux qui n'avaient d'abord pas fait d'objection à cette
pratique l'ont depuis quelques années déclarée illégale
et ont fait retomber sur le notaire la responsabilité du
dommage causé de cette manière aux parties.

D'après une décision du Ministre des Finances du
1er août 1821, ces certificats de propriété ne sont pas
assujettis à la forme prescrite par l'article 9 de la loi
du 25 Ventôse an XI : ils ne portent que la signature
d'un seul notaire.

Le notaire doit-il, sur le certificat, mentionner les circonstances susceptibles de modifier la capacité du propriétaire de la rente, comme sa minorité, son interdiction ?

Ces indications sont sans doute très utiles et très désirables, mais nous ne pensons pas que le notaire doive, en principe, être rendu responsable de leur non insertion dans le certificat, car la loi de floréal an VII ne l'exige pas parmi les mentions qu'elle énumère. Ainsi en a décidé la Cour de cassation par un arrêt du 28 août 1827. Cependant, si les actes qui ont servi à rédiger le certificat de propriété révélaient une de ces incapacités, on admettrait que le notaire commettrait une négligence coupable en n'indiquant pas ces particularités et pourrait être poursuivi en réparation civile.

Les principaux certificats de propriété que les notaires sont encore appelés à délivrer ont pour objet le remboursement des sommes déposées dans les Caisses d'épargne (loi du 7 mai 1853, article 3), des cautionnements des fonctionnaires décédés, interdits ou démissionnaires (décret du 18 septembre 1806), etc. Le notaire observera sous sa responsabilité, dans chacun de ces cas, les règles qui lui sont propres et que nous ne pouvons exposer en détail ; elles ne soulèvent d'ailleurs pas de difficultés.

6° *Certificats de vie.*

Ces actes qui servent à attester l'existence d'une

personne jouissant d'une rente sur l'Etat ou sur un particulier peuvent être délivrés en brevet.

Tous les notaires de France peuvent aujourd'hui délivrer ces certificats. En vertu d'un décret du 21 août 1806, les certificats de vie des pensionnaires de l'Etat devaient émaner de certains notaires appelés *notaires certificateurs,* spécialement désignés à cet effet. Une ordonnance du 30 juin 1814 avait étendu ce privilège à tous les notaires de Paris ; l'ordonnance des 6 juin et 9 juillet 1839 a accordé ce droit à tous les notaires indistinctement.

Les certificats de vie doivent énoncer les nom, prénoms, domicile et date de naissance du rentier, ainsi que le montant de la rente. Le notaire aurait à répondre du préjudice que causerait aux parties l'omission d'une de ces indications ou au Trésor l'inexactitude dans une des mentions du certificat.

7° *Autres actes.*

Il y a encore quelques actes du ministère des notaires dont la rédaction est soumise à des règles spéciales mais dans le détail desquels nous n'entrerons pas parce qu'ils se présentent rarement, comme les protêts que les notaires laissent ordinairement dresser par les huissiers, les contrats d'apprentissage, ou parce qu'ils n'offrent d'intérêt que pour certaines catégories de notaires, comme les contrats à la grosse, les contrats d'affrêtement, les connaissements.

§ II. — Vices de fond.

Que la structure matérielle d'un acte soit irréprochable, cela ne suffit pas pour qu'il soit valable. Aux vices de forme qui n'affectent que les dehors et les apparences et qui se révèlent au premier coup d'œil, on oppose les vices de fond, c'est-à-dire ceux qui sont plus voilés, qui demandent pour être découverts un examen plus délicat et plus approfondi.

Ces vices de fond peuvent venir de l'incapacité ou de l'incompétence du notaire, ou de ce que les parties comparantes elles-mêmes sont incapables, ou ne sont pas celles qui sont désignées dans l'acte, ou encore du défaut de capacité des témoins, de l'illégalité de la convention. Voyons la part de responsabilité qui revient au notaire dans ces différents cas.

N° 1. — Incapacité du notaire

On ne peut pas dire que la responsabilité encourue par un individu se présentant comme notaire sans l'être soit un cas de responsabilité notariale. Aussi croyons-nous que c'est l'application du droit commun qu'il faudrait faire dans ce cas. Celui qui a perdu la qualité d'officier public par suite de démission, suspension ou destitution, ou qui n'est pas encore investi de cette qualité par décret du Président de la République, ne donnerait aucun caractère d'authen-

licité à l'acte qu'il s'aviserait de recevoir, et s'expo-
serait à encourir, outre la peine portée en l'art. 258
du Code pénal pour usurpation de fonctions, l'action
en dommages-intérêts des particuliers qu'il aurait
lésés.

Une question plus délicate s'est posée relativement
à la valeur qu'il conviendrait de reconnaître aux actes
dressés par un notaire nommé sans remplir les conditions requises par la loi, par exemple sans avoir
l'âge réglementaire. La plupart des auteurs admettent
que ces actes ne seraient pas nuls, s'appuyant pour
cela sur ce qui était décidé dans l'ancien droit, sur
l'intérêt public et sur la maxime *Error communis
facit jus*. Dans ces conditions, la responsabilité civile
ne saurait être engagée au cas évidemment fort rare
où cette fraude se produirait.

Nᵒ 2. — Incompétence du notaire

Les notaires, malgré la généralité des termes de l'article 1ᵉʳ de la loi de Ventôse, ne sont pas créés pour
constater indistinctement toutes les déclarations de
volonté des parties. Certains actes ne sont pas de leur
compétence parce que le législateur les a réservés à
d'autres officiers publics. Ensuite, même quand il s'agit
d'actes rentrant parfaitement dans leurs attributions, il
faut encore pour qu'ils puissent les recevoir qu'ils soient
passés dans les limites de leur ressort. Enfin, lorsque
ces deux conditions se trouvent réunies, les notaires

peuvent néanmoins n'avoir pas qualité pour prêter leur ministère à cause de la parenté qui les unirait aux parties comparantes ou de l'intérêt qu'ils auraient eux-mêmes dans l'acte.

De là, trois causes d'incompétence, *ratione materiæ, loci, personæ* qu'il nous faut voir successivement.

1° *Incompétence « ratione materiæ »*.

Les principaux actes de juridiction volontaire, qui par exception, ne sont pas du domaine des notaires, sont :

1° Les actes de mariage qui doivent être reçus par les officiers de l'état civil (art. 75 du Code civil) ;

2° Les actes de notoriété constatant l'absence de l'ascendant auquel doit être fait l'acte respectueux, actes qui, à défaut de jugement, doivent être délivrés par les juges de paix (article 155 du Code civil) ;

3° et 4° Les actes d'adoption et d'émancipation, également de la compétence des juges de paix (articles 353 et 477 du Code civil) ;

5° La légitimation des enfants naturels, qui ne peut avoir lieu que par mariage subséquent (article 331 du Code civil) ;

6° La déclaration de changement de domicile, qui doit être faite à la mairie de la commune que l'on quitte et à celle du lieu où l'on va se fixer (article 104 du Code civil) ;

7° Les acceptations bénéficiaires de succession et

renonciations à succession (article 784 Code civil) et
à communauté (article 1457 Code civil) qui doivent
être faites au greffe du tribunal de première instance.

On ajoute ordinairement à cette liste les interdictions faites aux notaires par les articles 1596, 1597 du
Code civil, desquels il résulte que ces officiers publics
ne peuvent se rendre ni adjudicataires de biens
nationaux dont la vente se fait par leur ministère,
ni cessionnaires de droit litigieux qui sont de la compétence du tribunal dans le ressort duquel ils exercent
leurs fonctions ; mais il nous semble que ces articles
n'édictent pas des incompétences contre les notaires
en tant qu'officiers publics, mais plutôt des incapacités
qui les frappent comme particuliers. On appliquera en
conséquence les règles du droit commun pour régler
l'indemnité que le notaire devrait à celui qui aurait à
souffrir de la nullité de la vente ou de la cession.

2° *Incompétence « ratione loci »*.

Les limites territoriales dans lesquelles les notaires
peuvent exercer leurs fonctions sont déterminées par
l'article 5 de la loi de Ventôse qui répartit ces fonctionnaires en trois classes : ceux des villes où siège
une Cour d'appel, ceux des communes où il n'y a
qu'un tribunal de première instance, enfin ceux des
autres localités. Les premiers sont compétents dans
toute l'étendue du ressort de la Cour ; les seconds, dans
l'étendue du ressort du tribunal de première instance et
les derniers dans l'étendue du ressort du tribunal de paix.

L'article 6 ajoute : « Il est défendu à tout notaire d'instrumenter hors de son ressort, à peine d'être suspendu de ses fonctions pendant trois mois, d'être destitué en cas de récidive et de tous dommages-intérêts », dommages-intérêts que pourront avoir à réclamer les parties contractantes puisque l'article 68 prononce, en cas de contravention à l'article 6, la nullité de l'acte considéré comme acte authentique.

Mais que faut-il entendre par le mot *instrumenter* que porte l'article 6 ? En dehors de la lecture de l'acte et de sa signature par les parties, ce qui constitue essentiellement la réception de l'acte, il y a des opérations préparatoires, comme la discussion de la convention, le projet de rédaction, auxquelles le notaire prend part ordinairement, mais qui ne rentrent pas strictement dans l'exercice de son ministère. Aussi croyons-nous qu'on ne peut dire du notaire qui intervient à ces préambules d'un acte qu'il instrumente : l'article n'atteint pas ces négociations préliminaires.

Cependant il faut éviter d'être trop absolu dans un sens comme dans un autre. Le rapporteur de la loi du 21 juin 1843, M. Philippe Dupin, prétendit bien que le notaire n'instrumentait qu'au moment de la lecture et de la signature de l'acte. Cette opinion était la contre-partie de celle exprimée dans un arrêt de la Cour de cassation du 1er juin 1842 par l'avocat général Delangle, pour lequel le mot instrumenter avait une acception très étendue, comprenant même les premiers pourparlers engagés au sujet d'une affaire.

La vérité se tient, croyons-nous, entre ces deux théories exagérées : le notaire instrumente non seulement en recevant les signatures des parties, mais encore « toutes les fois qu'il agit avec l'appareil extérieur qui caractérise son ministère et dans l'exercice public et solennel de ses fonctions (1) », par exemple quand il procède à une adjudication publique d'immeubles ; le notaire ne pourrait donc faire d'adjudication en dehors de son ressort, pensant être en règle avec la loi du moment qu'il prendrait la précaution de ne rédiger et de ne faire signer le procès-verbal que plus tard en son étude. Il est en effet impossible de ne pas admettre qu'en recevant les enchères et en prononçant l'adjudication, le notaire remplit l'une des fonctions de son ministère, en un mot *instrumente* et que, par suite, l'article 6 de la loi de Ventôse doit être observé à peine de nullité.

Terminons en disant que cet article a reçu dans l'article 205 du Code de procédure une exception expresse : le notaire dépositaire des pièces de comparaison dans une instance en vérification d'écriture peut, si le tribunal ordonne la remise des pièces entre les mains du greffier, en faire l'expédition dont parle l'article 203, encore que le lieu où se fait la vérifi-

_____

(1) BAUBY, *op. cit.*, p. 143.

cation soit hors de l'arrondissement dans lequel il a le droit d'instrumenter.

3° *Incompétence « ratione personœ »*.

Pour mettre les notaires à l'abri des combats que l'intérêt livre à la probité et l'affection aux devoirs, selon les expressions du tribun Favard, la loi du 25 Ventôse an XI a établi la règle suivante dans son article 8 : « Les notaires ne peuvent recevoir des actes dans lesquels leurs parents ou alliés en ligne directe à tous les degrés et, en ligne collatérale, jusqu'au degré d'oncle ou de neveu inclusivement seraient parties, ou qui contiendraient quelque disposition en leur faveur », et l'article 68 prononce la nullité en tant qu'authentique de l'acte fait en contravention à cette disposition.

Les derniers mots de l'article 8 « disposition en leur faveur » ont soulevé une difficulté ; on s'est demandé s'ils se rapportent aux parents du notaire ou à ce dernier. Nous croyons, avec la majorité des auteurs, qu'ils visent les parents du notaire, cet article ne s'occupant pas de prohiber aux notaires les actes dans lesquels ils auraient un intérêt, parce que cette défense n'avait pas besoin d'être écrite et découlait de l'esprit même de la loi ainsi que nous le verrons un peu plus loin. Que les parents au degré prohibé du notaire soient parties à l'acte ou qu'ils soient favorisés par l'une de ses dispositions, le notaire est donc incompétent.

On s'accorde à donner aux mots « partie à l'acte »

un sens assez large qui comprend ceux qui agissent en
qualité de représentants aussi bien qu'en qualité de
représentés et ceux qui se portent fort ou cautions.

Quant au mari qui autorise sa femme, la jurisprudence admet qu'il n'est pas partie à l'acte, quand du
moins l'acte ne contient pas de stipulations susceptibles de lui procurer comme chef de la communauté
des avantages réels et immédiats. De sorte que si le
mari est allié du notaire sans que sa femme le soit, en
vertu de la règle *Affinitas affinitatem non parit*, le
notaire sera compétent pour recevoir l'acte dans lequel
la femme sera partie, son mari ne comparaissant que
pour l'autoriser. Cependant la plupart des auteurs
considérant que le mari stipule toujours en ce qui
concerne son autorisation, est bien dans tous les cas
partie dans les actes où il intervient.

Par « disposition en faveur » des parents du notaire, il
faut entendre tout avantage direct ou indirect, certain
ou éventuel qui peut résulter de l'acte authentique.
Mais pour que cet avantage puisse empêcher le notaire
d'instrumenter, il faut qu'il puisse être connu de ce
dernier et même qu'il lui apparaisse clairement. Ainsi
il n'y a pas de doute qu'on ne pourrait faire annuler
un testament mystique en s'appuyant sur ce fait que
le notaire rédacteur de l'acte de suscription était parent
ou allié au degré prohibé de l'un des légataires institués. La Cour de cassation a même validé un testament
authentique, bien qu'il eût été reçu par un notaire,

parent au degré prohibé de l'un des légataires, parce que le testateur ayant institué un légataire universel et fait des legs particuliers à *ses héritiers*, *sans désignation de personnes*, le notaire s'était trouvé dans l'impossibilité de prévoir à l'époque de la confection du testament, quels seraient ceux des héritiers qui recueilleraient ces legs particuliers (1). La Cour de cassation a aussi décidé que le notaire ne contrevenait pas à l'article 8 en recevant des actes au profit d'une société anonyme dans laquelle un parent au degré prohibé se trouvait intéressé.

Le législateur qui a édicté la prohibition que nous venons d'étudier, afin d'assurer l'impartialité du notaire dans les actes concernant certains de ses parents et alliés, n'a-t-il rien dit au sujet des actes qui le toucheraient de plus près encore, qui l'intéresseraient personnellement ? Non, il n'a rien dit expressément, du moins si l'on interprète l'article 8 comme nous l'avons fait et comme le sens naturel de la phrase le veut, mais la jurisprudence applique au notaire lui-même par argument *a fortiori* la disposition de l'article 8 et ici tout le monde est d'accord pour approuver cette extension de l'incompétence du notaire.

Même, en l'absence de tout texte, on conviendrait universellement que le notaire ne peut recevoir des actes dans lesquels il interviendrait comme partie ou

_____

(1) Cass. (req.), 15 déc. 1847 (S., 48, 1, 550).

qui renfermeraient quelques dispositions en sa faveur. Il y a un principe qui s'opposerait à ce qu'il le fît : « *Nemo testis idoneus in re sua intelligitur* ». Mais ici encore il faut admettre que le notaire ait pu avoir connaissance de l'intérêt personnel qu'il avait à l'acte : on ne pourrait faire annuler un testament mystique en arguant de ce que le notaire qui l'a reçu est institué légataire. De même le peu d'importance de l'intérêt du notaire a quelquefois conduit les tribunaux à ne pas prononcer la nullité d'un acte ; par exemple, s'il s'agit d'un testament même authentique dans lequel le testateur a inséré cette clause que la succession devrait être liquidée par les soins du notaire rédacteur ; ou d'un acte concernant une société anonyme dont le notaire est simple actionnaire.

Enfin l'article 23 de la loi du 13 Brumaire an VII apporte une exception à notre principe en permettant aux notaires qui procèdent à des ventes de meubles aux enchères de recevoir dans la forme authentique les quittances et décharges du prix, pourvu qu'elles soient écrites à la suite ou en marge des procès-verbaux de ces ventes.

N° 3. — Défaut d'identité des parties.

« Le nom, l'état et la demeure des parties, dit l'article 11 de la loi de Ventôse, modifié par la loi du 7 décembre 1897, devront être connus des notaires ou leur être attestés dans l'acte par deux personnes connues d'eux, ayant les mêmes qualités que celles requises pour être témoins instrumentaires ».

Dans l'usage, on désigne les témoins dont parle cet article sous le nom de témoins certificateurs. Ils peuvent être simultanément témoins instrumentaires.

Parmi les indications que notre article demande au notaire de se faire certifier, ne figurent pas les prénoms des parties ; c'est que le nom de famille, l'état et la demeure ont paru suffire pour établir leur individualité au regard du notaire ; mais comme l'article 13 de la loi de Ventôse exige l'indication des prénoms, les notaires peuvent s'en rapporter sur ce point aux déclarations des parties.

Remarquons que l'article 68 de la loi de Ventôse ne prononce pas la nullité de l'acte, si le notaire ne s'est pas conformé à l'article 11 ; car de deux choses l'une : ou les parties inconnues du notaire sont réellement telles qu'elles ont déclaré être, la convention est inattaquable ; ou bien une des parties s'est fait passer pour une autre, tout accord de volontés fait défaut, la personne comparante n'a pas voulu s'obliger ni stipuler pour elle-même et elle n'a pas pu obliger celle sous le nom de qui elle s'est présentée, ni stipuler pour elle : il n'y a pas de contrat. Mais c'est alors que le notaire qui aura imprudemment ajouté foi aux déclarations mensongères de personnes qu'il ne connaissait pas, pourra voir sa responsabilité engagée, aussi bien s'il s'agit de contrats synallagmatiques (1) que d'actes unilatéraux, car la loi ne distingue pas, aussi bien à l'égard de la partie trompée qu'à l'égard des tiers qui éprouveront un préjudice de la nullité d'un acte qu'ils croyaient parfaitement valable ; par exemple à l'égard d'un sous-acquéreur, d'un créancier hypothécaire.

Le notaire sera à l'abri de tout recours s'il a pris les précautions ordonnées par la loi, s'il s'est fait certifier l'identité de l'inconnu par deux témoins réunissant les qualités voulues et qui seraient seuls responsables de leurs fausses déclarations.

Au point de vue de la capacité requise chez ces témoins, la loi du 7 décembre 1897 a modifié la rédaction primitive de l'article 11 qui portait que l'identité des parties devait être attestée au notaire « par deux citoyens... » La loi de 1897 qui a voulu permettre aux femmes de témoigner dans les actes de l'état civil et dans les actes notariés a remplacé ici le mot citoyen par celui de personnes ; elle exige d'ailleurs comme précédemment que ces témoins certificateurs soient connus du notaire et réunissent les qualités des témoins instrumentaires, c'est-à-dire qu'ils sachent signer et soient domiciliés dans l'arrondissement communal où l'acte est passé.

Il peut se faire que la même personne dont l'indivi-

_____

(1) On l'avait nié pour les actes synallagmatiques parce que chaque partie devant s'assurer par elle-même de la capacité de celle avec qui elle contracte, doit tout d'abord s'assurer de son identité, et le notaire serait alors déchargé de cette obligation.

dualité a été faussement établie une première fois se présente plus tard au notaire qui, sans recourir à de nouveaux témoins, l'admet à signer un autre acte en la même qualité que précédemment. Cet acte est nul comme le premier, mais le notaire ne devra pas en être responsable, croyons-nous, car la loi ne l'oblige qu'à se faire attester les nom, état et demeure des parties qu'il ne connaît pas ; or, dans la circonstance, on ne peut pas dire qu'il ne connaît pas cette personne dont il a eu soin déjà de contrôler les qualités de la manière indiquée par le législateur. Les témoins, certainement responsables pour le premier acte, le seront-ils encore pour le second ? La question est plus délicate. Cependant nous pensons qu'elle doit être résolue négativement, car si les témoins ont été complices d'une première fraude, ils ne l'ont pas été de la seconde.

Enfin quel est le devoir du notaire dont on requiert le ministère en vertu de l'article 3 de la loi de Ventôse, et qui ne trouve personne pour attester l'individualité du requérant parce que celui-ci est en voyage et inconnu dans le pays ? Nous pensons qu'il devra, dans ce cas, remplacer la preuve par témoins par un autre mode de preuve aussi concluant que possible ; en se faisant représenter le passe-port de l'étranger ou tout autre papier en règle, comme un permis de chasse ou une quittance de contribution, et en faisant remarquer dans l'acte qu'il lui a été impossible de se renseigner autrement sur les qualités du requérant.

Quand il s'agit de faire certifier l'individualité des marins et militaires nouvellement arrivés dans un port ou une ville de garnison, on a coutume de faire comparaître deux officiers du navire ou du régiment et il est prudent de se transporter sur le bâtiment ou dans la caserne.

N° 5. — INCAPACITÉ DES PARTIES.

Le notaire est-il tenu de s'assurer de la capacité des parties, comme il est tenu de s'assurer de leur individualité ? Cette question a soulevé bien des controverses.

Pour imposer aux notaires cette nouvelle obligation, on a d'abord cherché à la faire dériver de l'article 11 que nous venons d'étudier ; cet article, en disant que le notaire doit se faire attester le nom, *l'état* et la demeure des parties qu'il ne connaît pas, obligerait le notaire à se renseigner sur la capacité même des parties, sur leur état civil. Nous croyons que le mot état doit être pris dans une acception beaucoup plus simple ; il se rapporte à la profession des parties ; il complète les renseignements dont le notaire doit s'entourer pour établir l'identité des personnes qui comparaissent devant lui et rien de plus.

Si ce mot désignait la capacité des parties, ce ne sont pas des témoins qui pourraient apporter des renseignements bien certains à cet égard, car notre capacité n'est pas une chose patente, manifeste à tous les yeux ; elle peut être ignorée même des personnes qui nous connaissent le mieux, tandis qu'on peut facilement et sans crainte d'être trompé, trouver des témoins pour affirmer que nous portons bien tel nom, que nous exerçons telle profession, que nous avons tel domicile. « L'état d'une personne, dit Gagneraux, dans son *Commentaire de la loi de Ventôse* (1), est la profession ou le métier qu'elle exerce, l'emploi qu'elle occupe, le grade dont elle est revêtue ».

Le Tribunal civil de la Seine, dans un jugement du 27 janvier 1869, reconnaissait que l'état des parties s'entendait uniquement de la profession, des qualités et autres désignations propres à établir l'individualité qui ne comprenait pas la capacité légale des parties que les notaires ne sont pas tenus de constater sous leur responsabilité personnelle.

Cependant, la jurisprudence est aujourd'hui à peu près fixée en sens contraire. Le notaire est, d'après elle, tenu de vérifier la capacité des parties contractantes et, à défaut de texte spécial, les cours et tribunaux invoquent l'existence d'un prétendu mandat légal dont nous avons déjà parlé et en vertu duquel les notaires devraient sous leur responsabilité assurer l'efficacité des conventions passées devant eux.

Sans reproduire les observations que nous avons présentées (2) pour montrer combien était fausse l'idée

(1) T. 1, p. 214.
(2) Cf. *supra* ch. II, sect. 1, § XI.

8

de mandat appliquée à l'intervention du notaire puisque les parties sont réellement présentes à l'acte qui
les intéresse, nous pouvons ajouter ici les considérations suivantes.

Il appartient à chacune des parties en cause de vérifier la capacité de la personne avec laquelle elle contracte, car « *nemo debet ignarus esse conditionis ejus
cum quo contrahit* », dit une maxime ancienne dont
les tribunaux font souvent l'application.

D'ailleurs, puisqu'aux termes des articles 225, 1125
et 1338 du Code civil le capable peut valablement
s'obliger envers un incapable, et que celui-ci peut,
après la cessation de son incapacité, ratifier ses obligations, le notaire ne pourrait refuser son ministère
sous prétexte qu'il connaîtrait une cause d'incapacité ;
c'est une chance que la partie capable veut courir, il
ne peut s'y opposer à moins de dol, fraude ou évident
abus de la faiblesse de l'incapable (1).

Enfin, ce qui peut nous convaincre qu'en principe
le notaire n'est pas tenu de vérifier la capacité des
parties, c'est que la loi a pris soin de déterminer certains cas où au contraire il devrait prendre cette
précaution sous sa responsabilité. Ainsi l'article 13 *in
fine* de la loi de Ventôse exige que les procurations
des contractants soient annexées à la minute de l'acte
et l'article 923, alinéa 2, du Code civil rappelle cette
obligation au cas d'acceptation de donation par procu-

_____

(1) FONBENÉ, *op. cit.*, n° 282, p. 146.

ration ; c'est donc que dans ce cas le notaire doit s'assurer et conserver la preuve que la qualité de mandataire appartient bien à celui qui l'invoque. De même quand il s'agit d'actes concernant certaines personnes morales, comme les communes et autres établissements publics ou d'utilité publique, le notaire doit encore examiner si les autorisations nécessaires ont été données par les autorités compétentes.

Ces exceptions confirment la règle : le législateur n'ayant établi nulle part en termes généraux l'obligation pour le notaire de s'enquérir de la capacité des parties contractantes, cette nouvelle charge ne peut être arbitrairement ajoutée aux devoirs déjà nombreux qui lui incombent.

Puisque cependant la jurisprudence actuelle admet la solution contraire, les notaires devront tenir compte de ses exigences. Dans le cas où cette tendance rigoureuse devrait persister, il serait à désirer, comme le remarque M. Bauby (1), de voir aboutir une loi analogue à celle qui fut présentée en 1887 par M. Morel, député du Nord, et qui avait pour but la création d'un *Casier civil* tenu par les conservateurs des hypothèques et présentant l'état civil de tous les Français, c'est-à-dire indiquant les absences, adoptions, contrats de mariage, divorces, naturalisations, nominations à des fonctions emportant hypothèque légale. Les notaires

(1) *Op. cit.*, p. 188.

et le public en général puiseraient là des renseignements très utiles qui les mettraient à l'abri de bien
des fraudes (1).

Plusieurs lois récentes ont apporté des innovations
qu'on peut considérer comme les premiers pas vers
l'institution du casier civil ; malheureusement ces nou-
velles prescriptions n'ordonnent pas la centralisation
au même endroit des renseignements qu'elles ont la
louable intention de mettre à la disposition du public
et elles obligent encore les particuliers à chercher de
différents côtés les documents officiels qui pourront les
éclairer sur la capacité de ceux avec qui ils veulent
contracter.

Ainsi la loi du 16 mars 1893, complétant l'article 501
du Code civil, décida qu'un extrait de tout jugement
portant interdiction ou nomination d'un conseil judiciaire serait transmis par l'avoué qui l'aurait obtenu
au greffe du tribunal du lieu de naissance du défendeur, et mentionné par le greffier sur un registre spécial dont toute personne pourra prendre communication et se faire délivrer copie. A l'égard des individus
nés à l'étranger et dans les colonies, les décisions doivent être mentionnées de la même manière sur un
registre tenu au greffe du tribunal de la Seine.

De cette façon, les interdits et les individus pourvus
d'un conseil judiciaire, dont l'incapacité ne pouvait

(1) *Revue du not.*, n° 7818.

être connue auparavant que par l'affiche placée dans l'auditoire du tribunal et dans les études des notaires de l'arrondissement où ils avaient leur domicile lors du jugement et qui pouvaient ainsi parvenir à tromper un contractant en se disant domicilié ailleurs que dans cet arrondissement, seront dans l'impossibilité d'induire en erreur toute personne prudente. Un moyen efficace s'offre aujourd'hui à celle-ci de se mettre à l'abri de la fraude, c'est de faire rechercher au greffe du tribunal du lieu de la naissance ou du tribunal de la Seine, suivant les cas, si celui avec qui elle est sur le point de contracter n'a pas été interdit ou pourvu d'un conseil judiciaire.

N'aurait-il pas été préférable de faire inscrire les jugements portant interdiction et nomination de conseil judiciaire en marge des actes de naissance même, du moins quand les personnes que ces jugements concernent sont nées en France. Les recherches auraient été ainsi rendues beaucoup plus faciles que quand il s'agira de vérifier si parmi les jugements inscrits par ordre de date sur un registre spécial aucun ne concerne telle personne.

C'est par une mention sur les actes de naissance que la loi du 17 août 1897 a voulu rendre publique la célébration de tout mariage. Cette loi est venue heureusement compléter les dispositions de la loi du 10 juillet 1850, qui avait pour but, comme nous l'avons vu, de parer aux inconvénients de la non publicité du contrat de mariage en obligeant les futurs époux à déclarer dans l'acte de mariage, s'ils ont fait un contrat et à produire un certificat du notaire dans le cas de l'affirmative. Mais le but de la loi de 1850 était manqué si l'individu marié se prétendait célibataire et s'il parvenait à le faire croire aux tiers avec lesquels il contractait. C'était le plus souvent la femme mariée qui, en se faisant passer pour fille, contractait des obligations qui, en vertu de son incapacité, étaient de nul effet; il pouvait également être dangereux de traiter avec un homme qui se déclarait faussement célibataire, car la femme a sur les biens de son mari une hypothèque légale qui prime, même non inscrite, les hypothèques conventionnelles que celui-ci peut consentir.

Il était impossible de se mettre en garde contre les dols de cette nature. C'est pourquoi la loi du 17 août 1897 vint fort à propos décider qu'il serait fait *mention de la célébration du mariage en marge de l'acte de naissance des époux* et que les extraits des registres de l'état civil porteraient en toutes lettres la date de leur délivrance. De cette manière, quand j'aurai des doutes sur la qualité de célibataire que prétend avoir la personne avec qui je dois contracter, je lui demanderai de me représenter son acte de naissance. Si elle me remet un acte de date récente, et ne portant pas mention de son mariage, je pourrai être tranquille à ce sujet; si elle s'y refuse ou ne me montre qu'un extrait trop ancien, mes soupçons seront confirmés et je me tiendrai sur mes gardes.

N° 5. — INCAPACITÉ DES TÉMOINS.

L'article 9 de la loi de Ventôse, tel qu'il était rédigé par le législateur de l'an XI, était ainsi conçu : « Les actes seront reçus par deux notaires, ou par un notaire assisté de deux témoins, citoyens français, sachant signer, et domiciliés dans l'arrondissement communal où l'acte sera passé ».

La loi du 7 décembre 1897 qui a modifié l'article 37 et l'article 980 du Code civil pour permettre aux femmes d'être témoins aux actes de l'état civil et à la réception des testaments authentiques et mystiques, voulant donner aux femmes la capacité générale d'être témoins dans tous les actes notariés, a substitué à l'article 9 que nous venons de citer la disposition suivante : « Les actes seront reçus par deux notaires ou par un notaire assisté de deux témoins de l'un ou l'autre sexe, sachant signer et domiciliés dans l'arrondissement communal où l'acte sera passé. Toutefois, le mari et la femme ne pourront être témoins ensemble dans le même acte ».

Enfin, nous avons déjà dit que la loi de 1897 avait dans le même but remplacé le mot « citoyens » que portait l'article 11 de la loi de Ventôse par celui de « personnes », pour indiquer qui l'on pourrait prendre comme témoins certificateurs.

Sans discuter les raisons qui ont amené le législateur à apporter cette innovation (1), il nous faut faire les remarques suivantes, en ce qui concerne la nouvelle rédaction des articles de la loi de Ventôse.

Si la loi de 1897 a seulement voulu étendre aux femmes la faculté d'être témoins dans les actes notariés, elle s'est exprimée en termes trop généraux, car en prenant à la lettre les conditions de capacité qu'elle établit, on devrait conclure que l'on peut également admettre comme témoins : les étrangers, les mineurs, ceux qui ont perdu la jouissance ou l'exercice de leurs droits civils.

Nous croyons que l'intitulé seul de la loi, ainsi que les discussions qui l'ont précédée, permettent de répondre sans hésiter que telle n'a pas été l'intention du législateur ; ce dernier a voulu mettre sur un pied d'égalité l'homme et la femme au point de vue de leur droit d'être témoins dans les actes publics.

De plus dans le nouvel article 980 (2) du Code civil,

---

(1) La loi avait été proposée le 23 mai 1891 par M. Alfred Leconte, député, et avait fait l'objet d'un rapport présenté seulement le 21 juin 1896 ; la Chambre des députés vota, le 30 janvier 1896, un projet de loi qui se bornait à modifier uniquement les articles du Code civil relatifs aux actes de l'état civil. C'est le Sénat qui, saisi du projet, crut opportun de concéder aux femmes la capacité d'être témoins dans tous les actes instrumentaires et vota les dispositions qui sont devenues la loi définitive.

Plusieurs législations étrangères nous avaient devancés dans cette voie ; la loi italienne (9 décembre 1877), le code russe (art. 253-256 des lois civiles) permettent aux femmes de témoigner dans les actes publics et privés.

(2) Voici cet article : « Les témoins appelés pour être présents aux testaments devront être *majeurs, Français,* sans distinction de sexe. Toutefois le mari et la femme ne pourront être témoins ensemble dans le même testament ».

il est exigé que les témoins, hommes ou femmes, qui
assistent à la réception d'un testament soient Français
et majeurs. Nous montrerons dans un instant que le
législateur est plus conciliant sur les conditions de
capacité requises chez les témoins testamentaires que
chez les autres. S'il a eu soin d'exiger encore, dans la
loi de 1897, que ces sortes de témoins soient Français
et majeurs, à plus forte raison a-t-il voulu que les témoins dans les autres actes notariés aient ces qualités.

Enfin il n'est pas nécessaire d'insister beaucoup
pour faire comprendre que les personnes frappées
d'incapacité, parce qu'elles sont atteintes de maladies
mentales, ou qu'elles subissent certaines peines, ne
pourront, pas plus qu'avant la loi de 1897, être témoins
dans les actes notariés. Les mêmes motifs subsistent
toujours pour empêcher ces personnes de jouer un tel
rôle : leur intervention ne serait pas de nature à garantir la sincérité de l'acte ; et la nouvelle loi n'a pas pu
penser à requérir une formalité illusoire.

Nous convenons cependant que le législateur aurait
dû s'exprimer en termes plus précis pour éviter toutes
difficultés ; et nous concluons de ces quelques réflexions
que pour pouvoir être témoins, l'homme ou la femme
devra être Français, majeur et jouir de ses droits
civils, avec cette seule réserve que le mari et la femme
ne pourront être ensemble témoins dans le même acte.

Après comme avant la loi de 1897, les témoins doivent en outre réunir les conditions suivantes :

Ils doivent savoir signer et être domiciliés dans l'arrondissement communal, c'est-à-dire, selon l'avis général, dans la circonscription de la sous-préfecture ou du tribunal de première instance, et non dans celle de la commune où l'acte est passé, comme pourrait le faire croire l'expression d'*arrondissement communal*.

Enfin, ils ne doivent pas être parents ou alliés du notaire ou des parties contractantes, au degré prohibé par l'article 8, ni être leurs clercs ou serviteurs (article 10 de la loi de Ventôse).

La loi n'exclut pas la parenté respective des témoins : deux frères peuvent être témoins dans le même acte. Cependant il est de la prudence d'un notaire d'éviter, autant que les circonstances le lui permettent, tout ce qui pourrait servir à contester et à faire suspecter les actes qu'il reçoit. (Lettre du ministre de la Justice du 7 octobre 1809).

L'article 11 décide que les témoins certificateurs devront réunir les mêmes qualités que les témoins instrumentaires ; les conditions de capacité que nous venons d'énoncer s'appliquent donc également à eux.

Beaucoup d'auteurs (1) prétendent, il est vrai, écarter, à l'égard des témoins certificateurs, l'article 10 qui défend aux parents, alliés et serviteurs des parties, d'être témoins instrumentaires ; ils s'appuient

(1) V. CLERC, *Traité du not.*, 1, p. 380. — FAVARD DE LANGLADE, *Rép.*, Vº *Acte notarié*, § II, nº 7. — ROLLAND DE VILLARGUES, *Rép.*, Vº *Individua-lité*, nº 2. — GAGNERAUX, nº 19. — DALLOZ, Vº *Obligation*, nº 3347.

sur cette considération que nul mieux que ces personnes ne peut certifier l'individualité des parties ; mais, comme la loi de Ventôse ne fait aucune distinction, il nous paraît plus exact de réclamer chez les témoins certificateurs toutes les qualités des témoins instrumentaires.

Comme nous l'avons annoncé, en matière de testaments, les articles 975 et 980 du Code civil posent des règles toutes spéciales relativement à la capacité des témoins. Ces témoins doivent être plus nombreux que dans les actes ordinaires, mais le Code n'exige pas d'eux qu'ils soient domiciliés dans l'arrondissement où le testament est reçu ; de plus, si l'on n'admet pas comme témoins ni les légataires, ni leurs parents ou alliés jusqu'au quatrième degré inclus, ni les clercs de notaire, on permet en revanche l'emploi de parents, d'alliés ou de domestiques, soit du testateur, soit du notaire.

Quand une personne admise comme témoin dans un acte ne réunira pas toutes les qualités exigées, qui sera responsable de la nullité édictée par l'art. 68 de la loi de Ventôse ? Sera-ce le notaire ?

On a essayé de faire une distinction à cet égard entre les nullités venant de l'incapacité d'un témoin certificateur et celles venant de l'incapacité d'un témoin instrumentaire, parce que l'article 11 de la loi de Ventôse dit seulement à propos des témoins certificateurs qu'ils devront être connus du notaire. Pour les autres, ce serait aux parties qu'incomberait le soin de les choisir et elles ne pourraient que s'en prendre à elles-mêmes d'avoir fait un choix défectueux.

Demolombe (1), lui, voulait établir une différence entre les testaments et les autres actes, et s'autorisant de ce que l'article 971 du Code civil dit seulement que le testament est reçu *en présence* de témoins, tandis que l'article 9 de la loi de Ventôse décide que l'acte notarié en général est reçu par un notaire *assisté* de deux témoins, il concluait que dans les testaments le notaire n'avait pas à contrôler la capacité des témoins, lesquels étaient appelés exclusivement par le testateur.

En faveur de cette thèse on a encore invoqué ce motif que dans les testaments, même authentiques (2), le notaire est dans l'impossibilité de savoir si les témoins réuniront les conditions d'aptitude déterminées par la loi, s'ils ne seront ni légataires, ni parents de légataires, puisqu'il ignore à qui s'adresseront les libéralités que va seulement faire connaître le testateur.

Cette dernière remarque, pour logique qu'elle paraisse, ne doit pas nous arrêter plus que les arguments tirés des termes employés par la loi.

Que celle-ci demande seulement expressément pour les témoins certificateurs qu'ils soient connus du notaire,

_____

(1) XXI, n° 222.

(2) D'ailleurs, l'art. 975 qui exige que les témoins ne soient ni légataires, ni parents ou alliés de légataires jusqu'au quatrième degré inclusivement, se réfère seulement aux testaments par acte public.

elle ne décide pas moins positivement dans l'article 68 de la loi de Ventôse que le notaire est passible de dommages-intérêts si un acte est fait en contravention des articles 9 et 10 ; c'est donc au notaire de prendre ses précautions pour éviter la nullité de ce chef.

Quant aux testaments, s'il ressort moins clairement des textes que le notaire est responsable de la capacité des témoins, cela peut s'induire des précautions plus grandes que la loi a voulu prendre à l'égard de ces sortes d'actes. Le législateur qui a institué pour les testaments un plus grand nombre de témoins (1) que pour les actes ordinaires n'a pas dû se départir, en ce qui les concerne, des garanties dont sont entourés les autres actes notariés. Le notaire pourra d'ailleurs facilement vérifier si les témoins testamentaires réunissent les qualités requises : de même qu'il est obligé pour les actes autres que les testaments de demander si les témoins ne sont pas parents ou alliés au degré prohibé de l'une des parties, de même il devra, avant d'admettre une personne comme témoin, demander au testateur s'il n'est pas dans ses intentions d'instituer légataire

---

(1) Sans doute, comme nous l'avons indiqué, les conditions de capacité requises des témoins testamentaires ne sont pas aussi rigoureuses que celles réclamées des autres témoins ; on ne demande pas qu'ils soient domiciliés dans l'arrondissement; ils peuvent de plus être parents, alliés, domestiques du testateur, s'ils ne sont pas gratifiés dans l'acte. Mais cette plus grande latitude laissée dans le choix des témoins était rendue nécessaire parce qu'on en exigeait un plus grand nombre, et d'autre part il n'y avait pas d'inconvénient (au contraire) à permettre aux proches de surveiller la confection du testament, puisque, s'ils n'y sont institués légataires, c'est à leur détriment qu'il est fait.

cette personne ou l'un de ses parents jusqu'au quatrième degré.

Nous croyons donc que le notaire est responsable
dans tous les cas de la nullité d'un acte occasionnée
par l'incapacité d'un témoin, mais il ne faut pas oublier que les tribunaux conservent un libre pouvoir
d'appréciation pour déterminer les limites dans lesquelles cette responsabilité est engagée. Ils ne doivent
condamner que « s'il y a lieu », c'est-à-dire qu'ils ont
à examiner si, en tenant compte des circonstances, le
notaire a fait preuve d'une négligence suffisante pour
le rendre responsable. Il est évident, par exemple,
que dans un testament, la précipitation avec laquelle
l'officier public a dû instrumenter, ou l'heure à laquelle
il a été appelé, la difficulté qu'il a éprouvée à réunir
un nombre suffisant de témoins, le grand nombre de
dispositions qu'il a dû constater, sont autant de motifs
qui militent en sa faveur pour diminuer ou même faire
disparaître sa responsabilité, s'il a admis indûment
une personne incapable comme témoin.

Nº 6. — ILLÉGALITÉ DE LA CONVENTION

Nous nous sommes déjà demandé si le notaire devait
éclairer de ses conseils les parties qui recourent à son
ministère et s'il rentrait dans son rôle d'officier public
d'examiner la valeur des conventions qui lui sont présentées.

Nous avons conclu pour la négative en repoussant

la théorie du mandat légal que la jurisprudence a édifié de toutes pièces pour rendre finalement le notaire responsable de toutes les déconvenues de ses clients.

En ce qui concerne spécialement les nullités dont les actes peuvent être affectés comme contenant quelque disposition contraire à la loi, nous maintenons le même principe. Le notaire n'est pas chargé de résoudre, sous sa responsabilité, des questions de validité souvent très délicates et que ni la jurisprudence ni la doctrine n'ont tranchée d'une manière précise.

Cependant nous voulons bien admettre que notre principe comporte une vaste exception qui s'impose pour ainsi dire pour tempérer ce qu'une complète irresponsabilité du notaire aurait d'excessif et de criant.

Quand les nullités proviendront de violations manifestes de la loi, d'infractions non douteuses à des prohibitions expresses du législateur, les notaires en seront responsables.

Cette dérogation à la règle que le notaire ne répond pas des nullités tenant au fond même du droit, tous les auteurs l'admettent, tant elle semble nécessaire, mais sans la justifier toujours suffisamment à notre avis.

Cette justification nous paraît pourtant aisée a établir en faisant remarquer qu'à côté de la règle en vertu de laquelle le notaire n'est pas en principe garant des nullités de fond, il subsiste cette autre

règle qu'il est toujours responsable de son dol et de sa
faute lourde : or, si par inattention ou ignorance il
laisse passer dans un acte une clause que la loi a
nettement prohibée, ne peut-on pas dire qu'il est
coupable d'une faute inexcusable qui l'oblige à réparation. S'il prétend que nul n'est censé ignorer la loi
pour faire retomber sur les parties les conséquences
de leur erreur, on pourra lui répondre que cette
maxime s'applique à *fortiori* à l'officier public que sa
position oblige à connaître mieux que personne les
règles de notre droit.

Mais sa responsabilité se borne aux nullités qui sont
formellement édictées par une loi, qu'il n'est pas
pardonnable d'ignorer ; le notaire devra bénéficier des
doutes qui peuvent régner sur la légalité d'une clause ;
comme le dit M. Demolombe (1), « il serait excessif
d'exiger de ces officiers publics qu'ils décident, sous
peine d'une responsabilité parfois redoutable, des
questions controversées et litigieuses sur lesquelles la
jurisprudence et la doctrine présentent souvent de
grandes incertitudes. Cette disposition testamentaire
que le testateur a dictée au notaire n'est-elle qu'un
legs conditionnel valable ? Ne serait-elle pas plutôt
une substitution prohibée ? Les notaires seraient fort à
plaindre s'il leur fallait à eux seuls prononcer sur une
question pareille ».

En présentant comme une exception la responsa-

(1) T. XXXI, n° 434.

bilité du notaire dans les cas où il ne peut ou ne doit pas ignorer la nullité de l'acte qu'il a reçu, nous avons laissé intact le principe déjà étudié d'après lequel le notaire n'est pas forcé de se substituer aux parties pour rechercher dans leur intérêt si l'acte réunit tous les éléments de validité. Ainsi, quand à une question de droit pur se mêle une question de fait, par exemple celle de savoir si les parties contractantes sont capables, le notaire n'est pas comme le prétend la jurisprudence le mandataire de ses clients pour apaiser tous leurs doutes à ce sujet ; de même quand la question de droit est exposée à des interprétations différentes, le notaire ne sera pas responsable de la solution qu'il aura préconisée, car il n'est pas plus infaillible qu'un autre et on ne peut mettre à sa charge les risques de tous les procès qui pourront s'engager dans l'avenir.

DEUXIÈME PARTIE

RESPONSABILITÉ CONTRACTUELLE

Le notaire n'est investi d'un caractère public que dans l'exercice de ses fonctions ; en dehors de là il n'agit que comme homme privé. Nous venons de déterminer les devoirs du fonctionnaire ; il nous reste à voir ceux qui lui incombent quand il sort de ce rôle officiel. Or le genre de ses occupations, la confiance que son titre inspire, la présomption de capacité qu'on y attache engagent le public à s'adresser à lui pour une foule d'affaires dont il se charge non plus comme officier public, mais comme tout particulier pourrait le faire. Dès lors il retombe sous l'application du droit commun ; il ne peut plus invoquer les dispositions de faveur que la loi a posées pour les cas où il agit comme notaire. Le plus souvent, il apparaît comme mandataire, gérant d'affaires, dépositaire de ses clients ; les fautes diverses qu'il pourra commettre alors, engageront sa responsabilité civile et c'est conformément aux règles ordinaires de la responsabilité contractuelle qu'elles devront être appréciées. Nous allons examiner la situation qui est faite au notaire dans ces différents cas.

CHAPITRE Ier

« Le mandat ou procuration est un acte par lequel une personne donne à une autre le pouvoir de faire quelque chose pour le mandant et en son nom ». (article 1984 du Code civil).

Dans les trois sections suivantes, nous verrons : d'abord comment peut être prouvée l'existence d'un mandat à la charge du notaire ; puis quelles sont les obligations générales du notaire mandataire ; enfin, à cause de son importance pratique, nous ferons l'application de nos principes à la responsabilité du notaire dans les placements d'argent.

SECTION PREMIÈRE

EXISTENCE ET PREUVE DU MANDAT

D'après l'article 1985 du Code civil, le mandat peut être donné par acte public ou par écrit sous seing privé, même par lettre ; il peut aussi être donné verbalement. L'acte sous seing privé ne devra être fait en double que si le mandat est salarié, car hors ce cas, le mandat est un contrat unilatéral (1). L'accep-

---

(1) BAUDRY-LACANTINERIE, *Précis de droit civil*, III, n° 913.

tation du mandat peut n'être que tacite et résulter de l'exécution qui lui a été donnée par le mandataire.

Le mandat peut-il être donné tacitement ? Le Code dit bien que l'acceptation par le mandataire peut n'être que tacite, mais il n'indique pas que la procuration pourra être conférée tacitement par le mandant ; il dit seulement *verbalement ;* or, une manifestation verbale de volonté est loin d'être tacite. De plus dans son rapport au Tribunat (séance du 16 Ventôse an XII). Tarrible déclarait formellement que le mandat verbal était la dernière limite admise par le législateur pour sa constitution valable.

Cependant la jurisprudence et la majorité de la doctrine admettent la validité du mandat tacite, en se fondant sur les arguments suivants : le mandat est un contrat consensuel qui se forme par le seul accord de volontés des parties, sauf bien entendu les difficultés de preuve. Quand la loi a voulu apporter une dérogation à ce principe, elle l'a dit positivement, par exemple pour les procurations s'appliquant aux actes visés par la loi du 21 juin 1843. De plus, elle n'a pas dû attacher au mot *verbalement,* dans l'article 1985, le sens littéral qu'on lui attribue ; elle l'a employé pour faire antithèse à l'expression *par écrit* et par conséquent comme signifiant *sans écrit.*

Admettons que le mandat puisse être aussi bien donné qu'accepté tacitement ; il y aura néanmoins, au point de vue de la preuve entre ces deux ordres de fait, une différence importante : c'est que pour établir la constitution même du mandat, on devra se reporter aux règles de la preuve du droit commun, car l'article 1985 y renvoie formellement : la preuve testimoniale, et par conséquent la présomption de l'homme, ne seront admissibles qu'exceptionnellement, quand il y aura un commencement de preuve par écrit ; tandis que l'acceptation du mandat qui peut résulter de la simple exécution qu'en fait le mandataire permettra d'admettre des modes de preuve bien plus étendus et sera laissée à la libre appréciation des tribunaux qui auront à décider si tel acte accompli par le notaire implique chez celui-ci l'intention de prendre à sa charge le mandat qui lui est proposé.

Et pourtant la jurisprudence n'a pas toujours admis cette distinction ; pendant longtemps elle permit de prouver au moyen de témoins ou de présomptions en l'absence de tout commencement de preuve par écrit, même en matière excédant 150 francs, aussi bien la dation du mandat que son acceptation.

Quand le mandat est tacite, disait-on, la preuve à fournir porte non sur un contrat, un accord de volontés, mais sur des faits d'où l'on peut induire ce contrat, cet accord de volontés. C'est donc l'article 1348 qui s'applique ici.

Cette argumentation est défectueuse : elle tourne en définitive les dispositions de la loi, car elle confond les obligations dont on ne peut en aucune façon se

procurer la preuve littérale et pour lesquelles a été
fait l'article 1348, avec celles dont on a négligé de se
procurer la preuve écrite, alors que c'était possible.

La Chambre civile de la Cour de cassation, par un
arrêt du 9 décembre 1875, a d'ailleurs condamné cette
doctrine erronée et est revenue à l'application rationnelle
des vrais principes en matière de preuve. « Attendu,
dit cet arrêt, qu'aucune exception à cette règle (la règle
du droit commun) n'est admise par la loi en faveur du
mandat tacite ; que les faits dont on prétend déduire
l'existence d'un mandat tacitement conféré doivent
être légalement établis devant le juge avant que
celui-ci apprécie les conséquences qu'il convient d'en
tirer... » (1).

Quant à l'acceptation du mandat, si les tribunaux
ont, comme nous l'avons dit, un libre pouvoir d'appréciation pour juger si tel fait implique l'acceptation par
le notaire du mandat qui lui est conféré, ils doivent
en user sagement. Or, il faut encore signaler de leur
part à ce sujet une pratique regrettable qui consiste à
admettre comme preuves concluantes contre le notaire
des présomptions tout à fait insuffisantes, ainsi que
nous le montrerons plus loin.

Sans doute, comme l'a dit M. Paul Pont (2), « la voie
des conjectures est largement ouverte en ce qui concerne l'acceptation qui peut-être tenue pour constante

(1) *Revue du notariat*, n° 5081 ; *Journal du Palais*, 1876, n° 1038.
(2) *Revue du notariat*, n° 4062.

bien qu'elle n'ait été formulée ni verbalement ni par écrit ; et ceci est d'une importance capitale pour le notariat si l'on réfléchit que dans les demandes en responsabilité fondées sur la violation ou l'inaccomplissement du mandat conventionnel, c'est toujours ou presque toujours de l'acceptation tacite du mandat que l'on excipe contre le notaire, et d'une autre part que les clients peuvent aisément, en forçant plus ou moins la portée ou le sens des faits ou des actes accomplis par le notaire dans l'exercice de ses fonctions, présenter ces faits ou ces actes comme constituant précisément l'exécution qui, aux termes de la loi, impliquerait acceptation du mandat. Il y a donc un grand intérêt à voir comment les tribunaux ont usé et comment ils doivent user de ce pouvoir d'appréciation qui leur est accordé en cette matière. A vrai dire, ce pouvoir serait sans limite si l'on prenait à la lettre la disposition de la loi : le texte ne précise en rien en effet et par cela même il semble que tout soit abandonné au pouvoir purement discrétionnaire du juge. Mais la raison doit ici suppléer à la loi : c'est à la raison de poser les limites que la loi ne devait ou ne pouvait pas fixer. Son œuvre ne sera d'ailleurs ni bien difficile ni bien compliquée ; en s'inspirant de la nature même des choses, elle devra tout ramener à une règle unique, laquelle consistera, après avoir reconnu et précisé l'objet même du mandat allégué, à n'admettre comme faisant preuve de l'acceptation par le notaire que les faits *absolument corrélatifs, si bien qu'on ne les puisse comprendre et qu'ils n'aient de raison d'être que comme exécution du mandat* ».

On ne pouvait mieux formuler la règle à observer et avec plus d'autorité que ne l'a fait l'éminent conseiller ; cependant de nombreux arrêts prouvent que les tribunaux n'usent pas toujours de cette prudence si désirable. En dehors des placements de fonds sur lesquels nous reviendrons et qui offrent le plus d'exemples de ce que nous avançons, nous pouvons signaler ici plusieurs cas où la jurisprudence déclare d'une manière aussi courante que hasardée le notaire mandataire de ses clients :

1° D'abord parce qu'il aurait inséré dans l'acte que domicile est élu en son étude pour l'exécution de l'obligation. C'est une clause pour ainsi dire de style par laquelle ceux qui la stipulent s'assurent qu'en cas de contestation ils seront jugés par le tribunal du lieu où l'acte est passé et qu'en cas d'offres réelles il n'y aura pas à colporter des fonds dans tel ou tel lieu plus ou moins éloigné où le créancier peut être domicilié.

Il est vrai que cette clause d'élection de domicile peut avoir pour but de donner un mandat spécial au notaire, mais encore faut-il que les parties s'en expliquent ou au moins que les circonstances soient assez significatives pour permettre d'induire contre le notaire l'existence d'un tel mandat.

L'élection de domicile est, en effet, quelquefois stipulée pour permettre de faire des significations dans certaines procédures à l'endroit choisi au lieu de les faire au créancier en personne. Le notaire peut accepter la mission de transmettre au créancier les notifications qui lui seraient adressées, et· alors, au cas où cette acceptation sera prouvée, il pourra être rendu responsable du préjudice qu'éprouverait son mandant par suite de l'omission ou du retard de la communication qu'il s'est engagé à faire. Par exemple, s'il s'agit de produire une créance dans un ordre judiciaire et que le créancier ne le fasse pas par la faute du notaire à qui ont été adressées les significations régulières, ce dernier pourra être poursuivi en dommages-intérêts.

Le notaire qui accepte la mission dont nous venons de parler l'accepte évidemment comme titulaire de l'étude où l'acte est reçu et ses successeurs reprennent son obligation à cet égard. Mais il peut arriver que l'on fasse insérer dans un acte une élection de domicile dans l'étude d'un notaire autre que celui qui reçoit l'acte. Cela se présente fréquemment parce que l'article 2148 du Code civil exige que le créancier indique dans le bordereau d'inscription des privilèges et hypothèques, un domicile élu par lui dans l'arrondissement de la situation des biens. Tant que le notaire chez qui domicile est ainsi élu n'a pas accepté, on ne peut mettre à sa charge aucune obligation ; et comme en pratique on ne prend même pas soin de le prévenir, il n'encourt pas à son insu de responsabilité ; mais son acceptation pourra être tacite et résulter de ce qu'il recevra sans protestation les significations qui lui seront faites : il se mettra alors à couvert en faisant part au notaire rédacteur de l'acte ou aux parties intéressées des notifications qui lui sont parvenues et qu'il a accueillies à titre de complaisance.

2° On ne peut non plus faire dériver un mandat de ce fait que le notaire est honoré de la confiance habituelle du même client et qu'il a été son conseil pour telle opération déterminée, comme le portent de nombreux arrêts (1).

Nous avons déjà montré que la loi ne faisait pas au notaire une obligation de donner des avis et des conseils aux parties qui se présentent devant lui. S'il le fait soit spontanément, soit parce qu'il en est sollicité, il n'entend prendre pour cela aucune charge à moins qu'il ne le dise expressément. Il n'accepte pas le moindre mandat parce qu'il exprime son sentiment à titre de simple renseignement à ceux qui le consultent plus ou moins souvent sur les sujets les plus variés et les plus embarrassants.

Il serait vraiment excessif de rendre le notaire responsable comme mandataire, alors qu'il ne perçoit pas d'honoraires tant que ses avis n'amènent pas les clients

---

(1) Rennes, 19 mars 1842 (S., 44, 2, 135). — Paris, 13 juin 1854 (S., 55, 2, 705). — Cass., 14 fév. 1855 (S., 55, 1, 171). — Cass. (req.), 22 avril 1856 (S., 57, 1, 209). — Toulouse, 8 février 1861 (D., 61, 2, 110). — Paris, 27 juill. 1874 (*Revue du not.*, n° 4688). — Bordeaux, 17 juill. 1877 (*Revue du not.*, n° 5521), etc.

à faire un acte notarié. Particulièrement dans les campagnes, les notaires sont assaillis par les questions souvent importunes d'une population qui a conscience de son ignorance, qui est heureuse de profiter à bon compte de l'expérience de l'homme le plus compétent de l'endroit. « Pour qui a vu les choses de près, dit M. Paul Pont (1), il est certain qu'il n'y a pas de difficulté, quelle qu'en soit la nature, à l'occasion de laquelle le notaire rural ne soit consulté, pas d'incident sur lequel on ne vienne faire appel à ses lumières, pas d'affaire à traiter, si minime qu'elle soit, pour laquelle le paysan se fasse faute d'aller à l'étude solliciter un avis. Supposez maintenant qu'il suffise pour établir le mandat d'en alléguer l'existence, et voyez de quel danger le notaire est menacé. L'habitant de la campagne calcule avant tout, et s'il est engagé dans une affaire qui a mal tourné pour lui, il tentera de tirer parti de ses relations toutes de confiance établies entre lui et le notaire à côté duquel il vit ; et il ne lui en coûtera pas, en vue d'éviter un préjudice, d'opposer ses relations mêmes et de s'en autoriser pour alléguer le mandat et en faire sortir une responsabilité à la faveur de laquelle il parviendrait à s'exonérer. L'obligation pour le client de prouver sera donc la sauvegarde du notaire ».

3° Le fait que l'une des parties est illettrée et dépourvue d'instruction ne devrait pas non plus être un motif suffisant pour rendre le notaire son mandataire obligé, comme l'admettent cependant beaucoup de décisions judiciaires (1).

Il est certain que l'on peut plus facilement présumer un mandat tacite quand le client du notaire est ignorant et peu au courant des affaires ; mais cette présomption ne suffit pas à elle seule pour mettre à la charge du notaire toutes les obligations qui dérivent du mandat. « Je conviens, dit M. Ed. Clerc (2), que le notaire doit comme conseil, une sollicitude plus grande aux personnes illettrées ou étrangères aux affaires ; mais je ne voudrais pas créer un privilège à l'ignorance. Il y a d'ailleurs des gens illettrés qui comprennent et défendent parfaitement leurs intérêts, comme il y a des savants fort inhabiles. Faudra-t-il donc juger une question de responsabilité par le degré d'instruction, le sexe ou la position sociale des parties ? Il n'y aurait qu'incertitude et arbitraire ».

On comprend que les tribunaux examinent plus attentivement quelles ont été les intentions du notaire et de son client quand ce dernier est un domestique, un cultivateur, ou en général une personne peu instruite, plutôt que quand il s'agit d'un avocat, d'un

---

(1) Rennes, 9 juill. 1834 (S., 35, 2, 105). — Poitiers, 30 juin 1847 (D., 47, 2, 190). — Cass. (req.), 22 avril 1856) S., 57, 1, 209). — Montpellier, 21 juill. 1863 (S., 64, 1, 449). — Angers, 14 janv. 1875 (S., 75, 1, 455). — Aix, 10 déc. 1881 (*Gaz. Pal.*, 82, 1, 190), etc.

(2) *Traité gén. du not.*, n° 1177, I, p. 420.

ancien notaire ou d'une personne au courant des affaires ; mais il ne faut pas qu'ils induisent nécessairement de la condition modeste de la partie en cause, qu'elle a conféré au notaire la procuration générale de défendre ses intérêts, ni surtout que cet officier public a accepté bénévolement cette mission délicate.

4° On a encore voulu voir un cas de mandat conféré au notaire et accepté par lui dans ce fait qu'il détient les pièces relatives à une affaire.

Cette détention peut seulement, à notre avis, fournir dans la plupart des cas une preuve à peu près certaine, c'est que les frais des actes dont il s'agit n'ont pas encore été soldés au notaire, car l'habitude est de ne rendre les pièces que quand les frais sont payés.

Il ne faut donc pas admettre aussi facilement que le font ordinairement les tribunaux un mandat à la charge du notaire sur ce simple motif que celui-ci est détenteur par exemple de la grosse d'un acte de partage et le rendre de ce chef responsable de l'inscription du privilège des copartageants.

SECTION II

RESPONSABILITÉ DU NOTAIRE MANDATAIRE

Le notaire qui a accepté un mandat augmente dans une large mesure les chances de responsabilité qu'il aurait encourues comme officier public ; il est en effet alors soumis aux règles du droit commun en matière de mandat. Ce sont les articles 1991 et suivants du Code civil qui énumèrent les obligations du mandataire.

L'article 1992, en disant que « le mandataire répond non seulement du dol, mais encore des fautes qu'il commet dans sa gestion », ne fait qu'appliquer au cas particulier du mandat la règle générale de la responsabilité contractuelle posée dans l'article 1137. La faute dont répondra le notaire mandataire sera celle que ne commettrait pas un administrateur ordinaire. C'est aux tribunaux de décider souverainement si la faute reprochée au notaire est de celles où ne tomberait pas un administrateur de prudence moyenne.

Mais il ne faut pas oublier que l'article 1992 ajoute un léger adoucissement quand le mandat n'est pas salarié : « Néanmoins, dit le dernier alinéa, la responsabilité relative aux fautes est appliquée moins rigoureusement à celui dont le mandat est gratuit qu'à celui qui reçoit un salaire ». Or, les honoraires que perçoit le notaire pour les actes qu'il reçoit, ne doivent pas être considérés comme le prix d'un mandat ; ils lui sont dus en effet de toute façon, même en l'absence de mandat ; le notaire y a droit comme officier public et non comme mandataire. Et cependant la jurisprudence estime ordinairement que les notaires sont des mandataires salariés et ne tient pas compte en conséquence de cette mesure bienveillante édictée pour les cas de mandat gratuit.

Toutes les obligations qui incombent au mandataire ordinaire sont évidemment aussi à la charge des notaires. Il devra achever l'exécution du mandat qu'il aura commencé lors du décès du mandant, s'il y a péril en la demeure (article 1991). Il est tenu de rendre compte de sa gestion et de faire raison au mandant de tout ce qu'il a reçu en vertu de sa procuration, quand même ce qu'il a reçu n'eût point été dû au mandant (article 1993). Il peut se substituer quelqu'un dans sa gestion, mais il pourra être rendu responsable des actes de son substitué 1° quand il n'a pas reçu pouvoir de se substituer quelqu'un ; 2° quand ce pouvoir lui a été conféré sans désignation d'une personne et que celle dont il a fait choix était notoirement incapable ou insolvable (article 1994).

La substitution a quelquefois été considérée comme implicitement autorisée à raison de la nature même du mandat ; par exemple, s'il s'agissait d'employer en acquisitions de rentes sur l'État une somme remise entre les mains du notaire : celui-ci n'a pas été déclaré responsable de l'insolvabilité de l'agent de change auquel il s'était adressé et dont la faillite fut plus tard déclarée.

Conformément à l'article 1996, le notaire mandataire devra l'intérêt des sommes qu'il aurait employées à son usage, à dater du jour de cet emploi ; en revanche

10

il devrait pouvoir réclamer, en vertu de l'article 2001,
l'intérêt des avances par lui faites dans l'intérêt du
mandant, à dater du jour des avances constatées, ce
que les tribunaux ne lui accordent pas toujours.

Quant aux genres d'affaires au sujet desquelles un
mandat peut être conféré au notaire, ils sont innom-
brables. Sans parler ici des placements d'argent que
leur importance pratique nous oblige à traiter séparé-
ment, nous pourrions citer des arrêts qui ont déclaré
le notaire responsable comme mandataire dans des
ventes, des donations, des échanges, dans des contrats
quelconques ; les conclusions de toutes ces décisions
judiciaires sont l'une des suivantes :

Le notaire est déclaré responsable même des nullités
de fond dont nous l'avions exonéré en tant qu'officier
public ;

Il est obligé d'accomplir lui-même certaines formalités qui ne rentrent pas dans ses attributions officielles,
comme les transcriptions, inscriptions, radiations, qui
auraient pu être laissées à la charge des parties ;

Enfin et surtout il est garant des précautions à prendre pour assurer l'efficacité de l'acte dont il est chargé.
C'est ainsi que dans une vente il est tenu de vérifier
si le vendeur est bien propriétaire, si l'acquéreur est
solvable, si la vente n'est soumise à aucune condition
essentielle, telle que l'emploi ou le remploi ; il doit
veiller à ce que l'acheteur ne puisse être évincé par
un créancier hypothécaire. En cas de cession de

créance, le notaire mandataire du cessionnaire contrô-
lera la solidité de la créance qui fait l'objet du transport au profit de son client et il signifiera la cession
au débiteur, si celui-ci ne l'a pas acceptée par acte authentique.

SECTION III.

RESPONSABILITÉ DU NOTAIRE MANDATAIRE DANS LES PLACEMENTS D'ARGENT.

Le notaire est fréquemment mêlé à l'accord qui intervient entre celui qui a besoin de fonds et celui qui
désire faire fructifier ses capitaux, car le contrat hypothécaire qui donne le plus de garantie au prêteur et
permet le plus facilement à l'emprunteur de trouver
les deniers dont il a besoin, est un de ceux qui doivent nécessairement être passé dans la forme authentique.

Même si l'emprunteur n'a pas l'intention de fournir
une garantie hypothécaire, il s'adressera souvent au
notaire pour qu'il lui procure un bailleur de fonds
parce que cet officier public connaît ordinairement les
personnes qui ont de l'argent disponible.

Le notaire sera donc très souvent appelé à rédiger
des actes de prêts et il est très intéressant d'examiner
la responsabilité qui lui incombe dans ces sortes de
contrats.

Rappelons tout d'abord que, s'il s'est borné à recevoir les conventions débattues au préalable entre les
parties et à leur donner le caractère authentique, il ne
répondra que de ses obligations purement professionnelles, conformément aux principes posés dans notre
première partie.

Mais il peut arriver que les notaires *négocient* eux-
mêmes l'emprunt, qu'ils se fassent les intermédiaires
du prêteur et de l'emprunteur. Quand il y aura une
procuration en règle, il n'y aura pas de difficulté pour
déterminer les limites de leur responsabilité dans ce
cas ; mais le plus souvent il n'aura pas été fait de convention expresse à cet égard et il sera plus délicat de
décider s'ils ont réellement agi comme mandataires et
jusqu'à quel point ils ont entendu répondre des conséquences du prêt.

Cependant la jurisprudence n'hésite pas à admettre
avec la plus grande facilité l'existence d'un mandat
avec ses conséquences les plus rigoureuses, en se ba-
sant sur des présomptions qui nous paraissent souvent insuffisantes et dont nous citerons un certain
nombre à titre d'exemples.

1. Le fait que le notaire a accompli les formalités
hypothécaires prouverait qu'il a accepté un mandat
du créancier à cet égard. Mais il faut savoir que les
inscriptions d'hypothèques sont des formalités que les
notaires sont dans l'usage de remplir au nom de leurs
clients même en l'absence de tout mandat. Il ne faut

donc pas conclure de ce qu'elles ont été exécutées par lui pour mettre à sa charge toutes les obligations des mandataires. Notamment si le notaire a fait opérer une première inscription hypothécaire, on ne doit pas nécessairement décider que c'est à lui de pourvoir à son renouvellement avant l'expiration de dix ans.

2. Si le prêteur est absent lors de la réception de l'acte constitutif de l'hypothèque, il n'a pas non plus forcément institué le notaire pour son mandataire. En effet, la constitution d'hypothèque est un contrat unilatéral qui, d'après les uns (1), ne requiert même pas l'acceptation du créancier, ou qui du moins, d'après les autres (2), peut être accepté par le créancier postérieurement dans n'importe quelle forme par acte sous seing privé ou même tacitement. Le notaire est alors le porte-parole du créancier pour faire connaître les conditions du prêt au débiteur, mais il n'est pas à proprement parler mandataire.

Il en serait autrement si le créancier n'avait jamais été mis en rapport avec l'emprunteur ; il n'y a pas de doute qu'il y aurait alors un certain mandat dont l'étendue seule peut offrir des difficultés d'appréciation.

Mais cette simple circonstance que le notaire aurait

---

(1) ROLLAND DE VILLARGUES, *Rép.*, V° *Affectation hypothécaire*, n° 16. — Limoges, 27 mai 1833 (*Journ. du not.*, n° 8108). — Paris, 22 avril 1835 (S., 35, 2, 373). — Lyon, 9 mai 1837 (S., 37, 2, 468).

(2) DALLOZ, *Rép.*, V° *Privilège des hypothèques*, n° 1260. — AUBRY et RAU, § 266, III, p. 275. — Cass., 5 août 1839 (S., 39, 1, 753). — Chambéry, 31 mai 1865 (*Journ. du not.*, 19311). — Cass. (req.), 4 déc. 1867 (S., 68, 1, 252). — Caen, 9 janv. 1877 (*Journ. du not.*, 21890).

mis en relation un prêteur et un emprunteur qui ne se connaissaient pas auparavant, ne saurait suffire à le rendre mandataire de l'une ou de l'autre de ces parties. De nombreux jugements décident pourtant le contraire (1).

3. La clause insérée dans un acte d'obligation pour indiquer que les intérêts seront payés et le capital remboursé en l'étude du notaire rédacteur a été interprétée à tort, croyons-nous, comme la conséquence de la qualité de mandataire qui aurait été conféréé au notaire (2).

C'est, en effet, une clause de style comme celle de l'élection de domicile que nous avons signalée et qui a pour but d'éviter des déplacements aux parties. En tous cas, elle ne doit avoir d'application que dans l'avenir, et elle ne permet pas de présumer en quoi que ce soit la part prise par le notaire dans la négociation antérieure du prêt. Il a été d'ailleurs maintes fois jugé que la simple indication d'un lieu pour le paiement d'une créance, même en l'étude du notaire, ne donne pas de plein droit et par elle seule pouvoir au notaire de recevoir et de donner quittance (3).

(1) Cass. (req.), 19 juin 1850 (S., 51. 1, 123). Rouen, 18 mars 1868 (S., 69. 2, 198). — Cass. (req.), 9 juill. 1872 (S., 72, 1, 388). — Trib. Seine, 20 nov. 1877 (*Journ. du not.*, n° 21789). — Trib. d'Auxerre, 14 mars 1889 (*Journ. du not.*, 1889, p. 532).

(2) Arrêt de la Cour de Toulouse du 25 juin 1855, confirmé par la Cour de cassation, le 22 avril 1856 (*Journ. du Pal.*, 56, 2, 454).

(3) Cass., 23 nov. 1830 (S., 31, 1, 153). — Cass., 21 nov. 1836 (S., 36, 1, 892). — Bordeaux, 11 juill. 1859 (S., 60, 2, 680). — Lyon, 16 fév. 1860 (S., 61, 2, 607). — Cass. (req.), 22 nov. 1876 (*Rev. du not.*, 5322).

4. Il a encore été décidé que le notaire était mandataire par cela seul que le montant d'une obligation se trouvait déjà déposé dans son étude au moment où l'acte est passé, et il a été rendu responsable du préjudice résultant de ce que la délivrance des fonds avait été faite avant les justifications hypothécaires qui avaient été exigées et promises (arrêt de la Cour de Paris du 25 août 1834). Le prêteur avait pourtant discuté lui-même les conditions du prêt avec l'emprunteur et il était intervenu à l'acte.

Après avoir cité les cas où la jurisprudence nous a paru admettre d'une façon assez arbitraire la responsabilité du notaire comme mandataire, il convient de noter ceux où nous reconnaîtrons avec elle l'existence manifeste d'un mandat en vue de placements d'argent à réaliser.

1. Rappelons d'abord le cas où le notaire n'a pas mis du tout en rapport le prêteur et l'emprunteur.

2. Il est encore mandataire quand il a accepté de procurer à un de ses clients un bon placement hypothécaire (1).

3. Quand il a indiqué lui-même l'emprunteur dont il a attesté la solvabilité (2).

4. Quand il s'est chargé de toutes les mesures à prendre pour la conservation des droits du prêteur (3).

(1) Cass., 11 juill. 1866 (*Rev. du not.*, n° 1851). — Cass., 13 août 1874 (D., 75, 1, 155). — Cass., 8 déc. 1874 (D., 75, 1, 312). — Cass. (req.), 22 avril 1877 (D., 78, 1, 158). — Cass., 20 déc. 1882 (*Rev. du not.*, n° 6587).

(2) Cass. (req.), 11 juill. 1866 (*Journ. du Pal.*, 1866, p. 878).

(3) Cass., 9 août 1836 (*Journ. du Palais*, 1837, p. 222).

5. Quand il s'est chargé de recevoir, dans l'intérêt des parties, les deniers formant l'objet d'actes d'emprunt rédigés par lui, et de distribuer ces deniers aux créanciers de l'emprunteur (1).

6. Quand il a promis à son client de ne rien négliger de ce qui pourrait concourir à l'entière sûreté de ses fonds (2).

7. Quand il a exécuté tardivement une des formalités hypothécaires, à moins qu'il ne prouve que le mandat lui a été donné postérieurement au contrat de prêt.

8. Quand il a fait consigner à son client le coût de ces formalités.

Dans le cas où il sera prouvé que le notaire a réellement agi comme mandataire dans un prêt d'argent, quelle sera sa responsabilité ?

Il nous faut encore ici signaler une exagération de la jurisprudence qui rend souvent le notaire responsable, en tant que mandataire, de toutes les conséquences indistinctement du placement opéré par ses soins, et l'oblige à réparer tout le préjudice éprouvé par le prêteur. Or, il importe d'examiner quelle est l'étendue du mandat pour fixer la limite de la responsabilité.

Les termes mêmes du mandat exprès accepté par le notaire ou les circonstances du mandat tacite indiqueront ordinairement les obligations dont il est tenu

(1) Besançon, 2 juin 1843 (*Journ. du Palais*, 1844, p. 48).
(2) Douai, 28 janv. 1846 (*Journ. du Palais*, 1846, p. 574).

et de l'inaccomplissement desquelles il aurait à répondre.

Le mandat peut d'abord être tout à fait spécial et se limiter à la seule négociation du prêt, à la vérification de la capacité et de la qualité de propriétaire de l'emprunteur, à l'examen de la valeur des immeubles donnés en garantie. Le devoir du notaire sera de faire les démarches nécessaires pour réaliser le prêt et pour obtenir ces diverses justifications. Sa mission sera terminée dès que le contrat sera signé.

Mais le notaire peut aussi avoir été constitué mandataire d'une façon plus générale et en ce qui concerne tous les actes intermédiaires jusqu'au remboursement du prêt ; il devra alors veiller soigneusement à la conservation des droits du créancier et répondra notamment du renouvellement des inscriptions à faire pendant la durée du prêt.

Nous ne pouvons passer en revue tous les cas qui peuvent se présenter ; mais nous en indiquerons quelques-uns en montrant à l'occasion la rigueur excessive des cours et des tribunaux.

Le notaire à qui des fonds ont été remis en vue d'un placement à effectuer doit avant tout s'assurer de la capacité de celui qui se présente pour emprunter. Il serait responsable de la nullité du prêt pour cause de minorité du débiteur. S'il a des doutes sur l'âge de ce dernier, il se fera remettre son acte de naissance ; et au cas de minorité reconnue il devra vérifier si le mineur, émancipé ou non, a été habilité à emprunter par une autorisation du conseil de famille et l'homologation du tribunal, exigés par les articles 457, 458 et 483 du Code civil (1).

Le notaire devra encore examiner avec attention les titres de propriété pour s'assurer de l'efficacité de la garantie offerte au prêteur. Il serait responsable si l'immeuble hypothéqué provenant d'une donation était exposé à l'éventualité d'un rapport ou s'il était frappé comme immeuble dotal d'indisponibilité par la loi, ou encore si cet immeuble était déjà sorti du patrimoine de l'emprunteur par suite d'une vente, ou parce qu'il aurait fait l'objet d'un apport dans une société.

M. Bauby (2) s'élève avec raison contre une décision extrêmement sévère (3) de la Cour de cassation qui déclara responsable de l'inefficacité d'un placement le notaire qui l'avait négocié quand il fut postérieurement reconnu que l'autorisation du tribunal pour hypothéquer un immeuble dotal avait été donnée à tort dans un cas non prévu par l'article 1558 du Code civil. « Il est vrai, dit cet auteur, qu'on a cherché à justifier la solution donnée par la Cour de cassation au moyen d'une considération exacte, en prétendant que le jugement portant autorisation d'aliéner ou d'hy-

---

(1) Cass. (req.), 19 juin 1850 (D., 50, 1, 308).
(2) *Op. cit.*, p. 302.
(3) Cass. (req.), 25 janvier 1887 (D., 87, 1, 473).

pothéquer était un acte de juridiction gracieuse, volontaire, ne liant pas le juge et ne produisant pas
l'exception de la chose jugée... Mais où cet arrêt
méconnaît étrangement les données de la logique et
de l'équité, c'est lorsqu'il exige que le notaire se livre
à un examen approfondi sur la légalité du jugement
autorisant l'emprunt et lorsqu'il le rend finalement
responsable d'avoir partagé l'erreur commise par les
juges, qui cependant disposaient de moyens d'instruction autrement précieux et efficaces que les renseignements dont pouvait s'entourer l'officier public. »
Dans un arrêt assez récent (1), la Cour de cassation
s'est d'ailleurs départie de sa rigueur et a déchargé
de toute responsabilité un notaire qui n'avait pas con-
trôlé la régularité de l'autorisation d'emprunter donnée
par le tribunal à une femme dotale.

Le notaire mandataire devra encore vérifier si la
valeur attribuée aux immeubles offerts en garantie est
bien effectivement telle que le déclare l'emprunteur et
si elle suffit à assurer la solidité du placement. On
reconnaît généralement que son obligation ne va pas
jusqu'à la nécessité de faire procéder à une expertise,
mais il doit rechercher avec soin toutes les charges
qui diminuent d'autant la valeur de l'immeuble donné
en sûreté. Il serait notamment responsable de l'insuf-
fisance de garanties résultant de l'inobservation des

(1) Cass. (req.), 16 juill. 1890 (S., 92, 1, 251).

prescriptions du mandant relatives au rang de l'hypothèque (1).

Le notaire ne doit pas non plus se contenter d'un
immeuble dont la valeur ne couvrirait qu'à peine le
montant de la créance hypothécaire ; car il ne doit
pas oublier que cet immeuble peut subir des dépré-
ciations plus ou moins grandes, et que la créance peut,
d'autre part, se trouver augmentée par l'accumulation
des intérêts et par les frais de poursuite et d'exécution.

Mais il serait injuste de demander raison au notaire
de ce que l'immeuble hypothéqué n'offre plus de
garantie suffisante parce qu'il aurait perdu de sa valeur
depuis le jour du prêt et par suite de circonstances
qu'il était impossible de prévoir. Par exemple, l'inva-
sion du phylloxera dans les pays de vignobles est venue
tout à coup frapper des contrées jadis prospères et
déprécier les terres dans des proportions énormes et
inattendues. De même, dans beaucoup de régions, la
propriété foncière a considérablement baissé de valeur
depuis quelques années à cause du manque de fermiers,
de la mévente des produits agricoles et de la diminu-
tion du revenu qui en est la conséquence. Les notaires
qui ont négocié des prêts avant ces évènements et qui
y ont apporté d'ailleurs toute la prudence qu'on peut
raisonnablement leur demander, doivent être à l'abri
de tout recours, car permettre de les rechercher dans

(2) Cass. (req.), 14 janv. 1856 (D., 56, 1, 456).

ces conditions ce serait les rendre responsables des cas fortuits et les obliger à réparer en l'absence de toute faute les dommages quelconques subis par leurs clients.

Mais le notaire mandataire du prêteur ne devrait pas négliger de prendre les précautions qui sont à sa disposition pour suppléer éventuellement à la perte partielle ou totale de la garantie offerte par le débiteur. Si le bien hypothéqué est un bâtiment, il fera bien d'insérer une clause pour obliger l'emprunteur à assurer cet immeuble pendant la durée du prêt. Il est inutile aujourd'hui de faire consentir par le débiteur une délégation au prêteur de l'indemnité accordée en cas de sinistre, puisque depuis la loi du 19 février 1889 cette délégation a lieu de plein droit.

Enfin le notaire mandataire d'un créancier hypothécaire veillera à ce que l'inscription de l'hypothèque soit prise régulièrement ; il serait responsable de la nullité de l'inscription prise dans un bureau autre que celui de l'arrondissement où se trouve l'immeuble hypothéqué ; il serait également responsable de l'inefficacité de l'inscription provenant de ce qu'elle serait requise trop longtemps après la conclusion du prêt et de ce qu'elle serait primée par une autre prise dans l'intervalle ; il serait encore responsable des erreurs et des omissions dans le bordereau, et portant sur les noms du créancier ou du débiteur, sur le montant de la créance, sur la date de son exigibilité, sur la dési-

gnation des biens soumis à l'hypothèque ; et en supposant que le créancier lui ait confié la mission générale
de veiller à la conservation de la créance, il devrait
sous sa responsabilité requérir le renouvellement de
l'inscription avant l'expiration du délai de dix ans, et,
suivant les cas, prendre des inscriptions pour garantir
les intérêts qui seraient dûs pour plus de trois années.

CHAPITRE II

La gestion d'affaires est, d'après l'article 1392 du Code civil, un quasi contrat qui se forme quand une personne agit volontairement dans l'intérêt d'un tiers sans en avoir reçu mandat, et que ce tiers connaisse ou non la gestion.

Tandis que le mandat que nous venons d'examiner suppose le consentement de celui qui donne pouvoir d'agir en son nom et de celui qui accepte cette mission, la gestion d'affaires, nous le voyons, consiste dans l'immixtion spontanée du gérant dans les affaires d'autrui sans le consentement et peut-être même à l'insu du propriétaire.

Le notaire sera-t-il souvent *negotiorum gestor ?* A lire les nombreuses décisions judiciaires où cette qualification lui est donnée, il semblerait qu'il prend très souvent à sa charge des gestions d'affaires dans l'intérêt de ses clients ; et cependant nous croyons que rien n'est plus faux : généralement l'officier public n'agit qu'en vertu d'un mandat exprès ou tacite de ceux que l'affaire intéresse et ce sont par conséquent les règles du mandat qui doivent s'appliquer.

Les arrêts signalés plus haut n'attachent sans doute pas grande importance à la dénomination attribuée aux actes d'ingérence du notaire, parce que les obligations de celui-ci seront dans tous les cas les mêmes, en vertu de l'article 1372, alinéa 2 du Code civil, qui déclare que le gérant d'affaires « se soumet à toutes les obligations qui résulteraient du mandat exprès que lui aurait donné le propriétaire ».

Mais nous voyons un grand intérêt à ne pas confondre les deux situations. D'abord parce que la preuve de la gestion d'affaires n'est pas soumise aux mêmes règles que celle du mandat et aussi parce que la responsabilité du gérant d'affaires, quoique se rapprochant beaucoup de celle du mandataire, est à certains égards plus étendue que celle-ci.

Au point de vue de la preuve, la gestion d'affaires étant un quasi contrat, peut être établie même au-dessus de 150 francs par le témoignage et les simples présomptions en l'absence de tout commencement de preuve par écrit. Aussi arrivera-t-il que dans l'impossibilité de prouver l'existence d'un mandat, que la jurisprudence admet pourtant bien facilement, nous l'avons vu, les plaideurs invoqueront à tort comme faits de gestion des faits qui, en réalité, ne sont que l'exécution d'un mandat que le notaire a accepté ; et les tribunaux, qui assimilent trop complètement le mandat et la gestion d'affaires, ne feront pas de difficultés pour accueillir de telles prétentions et pour charger le notaire d'une responsabilité qui n'est pas celle qu'il a entendu courir.

Il faut cependant reconnaître que certains jugements ont su faire les distinctions qui conviennent. Nous pouvons notamment citer un arrêt de la Cour de Caen du 27 janvier 1875 (1) qui, après avoir dit que les juges doivent apprécier d'après les circonstances si l'on est en présence d'un contrat ou d'un quasi contrat, ajoute avec justesse qu'il ne saurait dépendre de l'habileté d'une des parties de transformer selon son intérêt le mandat en simple gestion d'affaires afin de rendre admissible la preuve testimoniale.

Outre cette différence en matière de preuve entre le contrat de mandat et le quasi-contrat de gestion d'affaires, il y en a encore quelques unes dans la manière dont est obligé le notaire dans chacun de ces cas.

D'après les articles 2003 et suivants du Code civil, le mandat prend fin par la mort du mandant, la révocation du mandataire ou sa renonciation. tandis que l'article 1373 oblige le gérant d'affaires à continuer sa gestion après la mort du maître de l'affaire, jusqu'à ce que l'héritier ait pu en prendre la direction.

En outre, le mandataire qui reste dans les limites de son mandat a droit à être indemnisé, même si les dépenses qu'il a faites n'ont procuré aucun profit au mandant (art. 1999) ; le gérant d'affaires, au con-

(1) *Journ. du not.*, n° 21251.

traire, n'a droit qu'aux dépenses utilement faites (art. 1375).

Enfin, la gestion d'affaires est gratuite ; le mandat peut être salarié.

Ces conséquences, qui sont plutôt défavorables au notaire, font donc voir que cet officier public n'agira pas volontiers comme gérant d'affaires, et que ce sera presque toujours comme mandataire qu'il faudra examiner sa responsabilité quand il aura agi en dehors de ses fonctions au nom de l'un de ses clients.

Cependant pour montrer que son intervention comme gérant d'affaires n'est pas aussi impossible que l'avancent certains auteurs, nous pouvons citer comme exemple le cas où la personne dont l'affaire est gérée est un incapable : il est clair qu'alors un mandat n'a pu être donné valablement et qu'on est bien en présence d'une gestion d'affaires.

De plus nous reconnaissons avec la majorité de la doctrine que le notaire devient gérant d'affaires quand il dépasse les limites du mandat qui lui avait été confié.

Quand le notaire pourra être regardé comme gérant d'affaires, il répondra de toute faute commise dans sa gestion, si les tribunaux, en vertu du large pouvoir d'appréciation qui leur est conféré par l'article 1374, jugent que cette faute est de celles où ne serait pas tombé un bon père de famille et que, de plus, les circonstances ne l'excusent pas.

Il répondra non seulement de ses fautes positives, des conséquences préjudiciables de son fait, mais encore de ses fautes d'omission, d'abstention, de négligence. M. Dalloz (1) a pourtant soutenu le contraire, mais il a confondu la preuve de l'existence du quasi-contrat de gestion de l'affaire avec la preuve de la culpabilité du gérant. Il ne peut y avoir de gestion d'affaires que par suite d'un acte d'immixtion du notaire dans les affaires d'autrui : il faut, par conséquent, un premier fait positif de sa part pour engager sa responsabilité comme *negotiorum gestor;* mais une fois qu'il a pris cette qualité, il doit accomplir tous les actes qui en découlent : il est tenu, aux termes de l'article 1374, « d'apporter à la gestion de l'affaire tous les soins d'un bon père de famille » ; il se soumet, d'après l'article 1372, « à toutes les obligations qui résulteraient d'un mandat exprès que lui aurait donné le propriétaire » ; il doit donc répondre de toutes ses fautes, qu'elles résultent d'une omission ou d'un fait.

D'ailleurs, si la responsabilité du gérant d'affaires ne pouvait être engagée parce qu'il aurait négligé quelque acte de gestion, que signifieraient les articles 1372 et 1373 ainsi conçus : « Celui qui gère contracte l'engagement tacite de continuer la gestion qu'il a commencée et de l'achever, jusqu'à ce que le propriétaire soit en état d'y pourvoir lui-même ; il doit se

(1) *Rép.*, Vᵒ *Responsab. des notaires*, nᵒ 356.

charger également de toutes les dépendances de cette même affaire.... Il est obligé de continuer sa gestion encore que le maître vienne à mourir avant que l'affaire soit consommée et jusqu'à ce que l'héritier ait pu en prendre la direction ».

Terminons en faisant remarquer que si par hasard c'est le notaire qui veut établir qu'il a géré l'affaire d'autrui, il ne pourra pas toujours se servir des modes de preuve exceptionnels, le témoignage et les présomptions en matière excédant cent cinquante francs, qui, nous l'avons vu, sont admis contre lui. Le notaire, en effet, n'aura pas toujours été dans l'impossibilité de se procurer une preuve littérale de sa gestion et, dès lors, les motifs de l'exception posée dans l'article 1348 ne se retrouvent plus. Si, par exemple, un notaire prétend avoir payé un des créanciers du client, il devra apporter une preuve écrite pour se faire rembourser, car rien n'est plus facile pour lui que de retirer une quittance (1).

(1) MOURLON, II, p. 831.

CHAPITRE III

———

Nous ne voulons pas parler ici des obligations du notaire comme dépositaire des minutes de son étude ; nous avons étudié quelle est sa responsabilité à ce point de vue en examinant ses devoirs professionnels ; nous ne reviendrons pas sur ce sujet. Il s'agit en ce moment des cas où le notaire est constitué, par l'effet d'une convention intervenue entre lui et un tiers, dépositaire d'une somme d'argent, d'un titre ou de quelque objet appartenant à ce tiers.

La confiance que cet officier public inspire et la nature des fonctions qu'il remplit conduisent souvent les particuliers à faire entre ses mains des dépôts variés. On lui remettra par exemple un testament olographe pour en assurer la conservation, ou des papiers importants pour les retrouver en temps utile.

Quant aux dépôts d'argent, ils sont également possibles, bien que le décret du 30 janvier 1890, complétant certaines prohibitions de l'ordonnance du 19 janvier 1843, y ait apporté plusieurs restrictions. Il fait notamment défense aux notaires de recevoir et de conserver des fonds à la charge d'en servir l'intérêt et de

retenir pendant plus de six mois les sommes dont leurs
clients leur confient la garde et qui, une fois ce délai
écoulé, doivent être versées à la Caisse des dépôts et
consignations (1).

Le contrat de dépôt sera souvent combiné avec le
contrat de mandat, surtout quand il s'agira de sommes
d'argent versées entre les mains du notaire, car ce
dernier sera ordinairement chargé de faire un usage
déterminé de la somme à lui remise et dont on lui a
confié la garde pour un certain temps. Or il est intéressant de savoir si l'on est en présence d'un mandat
ou au contraire d'un dépôt pur et simple, car ces deux
situations entraînent des conséquences différentes.

Le notaire mandataire est tenu de sa *culpa levis*
in abstracto et la preuve du mandat ne peut être admi-
nistrée que de la manière que nous avons indiquée. En
cas de dépôt, au contraire, le notaire ne doit apporter
dans la garde de la chose déposée que les soins qu'il
apporte dans la garde des choses qui lui appartiennent
(article 1927) ; il répondra donc seulement de sa *culpa*
levis in concreto. De plus, si le dépôt même au dessus
de cent cinquante francs n'est point prouvé par écrit,
le notaire attaqué comme dépositaire sera cru sur sa

(1) Toutefois une décision de la Chancellerie fixe à 150 francs le minimum
au dessous duquel le versement à la Caisse des dépôts n'est pas imposé.

De plus, les notaires peuvent conserver les fonds de leurs clients pendant
une nouvelle période n'excédant pas six mois, sur la demande écrite des
parties intéressées adressée au notaire dans le mois précédent l'expiration
du premier délai, à la condition que le notaire donne avis de cette demande
à la Chambre des notaires de son arrondissement.

déclaration, soit pour le fait même du dépôt, soit pour
la chose qui en faisait l'objet, soit pour le fait de sa
restitution (article 1924).

A un autre point de vue, la condition du notaire
dépositaire était moins favorable que celle de mandataire avant la loi du 22 juillet 1867. En vertu de l'article 2060, 7º du Code civil, la contrainte par corps
pouvait en effet être exercée contre lui pour la restitution des titres et des deniers qui lui avaient été
remis. La contrainte par corps ayant été abolie par la
loi précitée en matière civile, cette dernière différence
ne s'applique plus aujourd'hui ; mais il reste les deux
autres que nous avons indiquées quant à la preuve et
quant à la manière d'apprécier la faute, différences
qui, elles, sont toutes à l'avantage du notaire dépositaire. Il est donc important de pouvoir dire de quel
contrat on devra appliquer les règles.

La tâche peut être délicate ; mais un moyen de s'en
acquitter plus aisément sera de se demander quelle est
la fin que les parties ont eue en vue, quel est le but
qu'elles se sont proposé en remettant au notaire une
somme d'argent ou tout autre chose. Si la garde de la
chose paraît être la fin principale de la remise qui en
a été faite au notaire, il s'agira d'un dépôt simplement;
s'il est convenu, par exemple, que le notaire conser-
vera le prix d'une vente jusqu'après la transcription
du contrat et la vérification de l'état hypothécaire. Si,
au contraire, les parties ont entendu que le notaire

fasse un certain emploi de la chose qui lui est momen-
tanément confiée, par exemple fasse un placement
d'argent quand il en rencontrera un avantageux, on
pourra conclure qu'il a été constitué mandataire. Ces
solutions dépendront évidemment des circonstances de
la cause et c'est aux juges du fait qu'il appartiendra
de décider si l'on est en présence d'un dépôt ou d'un
mandat.

Les obligations qui incombent au notaire comme
dépositaire se rapportent à la garde et à la restitution
de la chose.

Quant à la garde, nous l'avons dit, il doit y apporter
tous les soins qu'il apporte dans la garde de ce qui lui
appartient à lui-même ; toutefois l'article 1928 décide
que l'on devra apprécier avec plus de rigueur la faute
qu'il commettrait 1°, s'il s'est offert lui-même pour
recevoir le dépôt ; 2°, s'il a stipulé un salaire pour la
garde de ce dépôt ; 3°, si le dépôt a été fait uniquement
dans son intérêt (ce qui ne se présentera guère) ; 4°,
s'il a été convenu qu'il répondrait de toute espèce de
faute.

Comme l'indique l'article 1930, le notaire ne peut se
servir de la chose déposée sans la permission expresse
ou présumée du déposant et, conformément à l'article
1931, il ne devra pas chercher à connaître quelles sont
les choses qui lui ont été déposées si elles lui ont été
confiées dans un coffre fermé ou dans une enveloppe
cachetée ; il ne devra notamment pas chercher à prendre

connaissance d'un testament olographe qui lui aurait été remis sous pli cacheté comme c'est le cas ordinaire.

Quant à la restitution de la chose déposée, les articles 1932 et suivants du Code civil énumèrent les diverses obligations du dépositaire : il devra rendre identiquement la chose même qu'il a reçue, dans l'état où elle est, à celui qui la lui a confiée, ou à celui au nom duquel le dépôt a été fait, ou à celui qui a été indiqué pour la recevoir. Cependant, après la mort du déposant, la chose déposée ne peut être rendue qu'à son héritier. La Cour de cassation (1) ne valide pas la clause par laquelle le déposant prescrit au notaire de remettre après sa mort le dépôt à un tiers. La question est pourtant encore controversée en doctrine.

Le dépôt doit être remis à qui de droit, dès qu'il est réclamé, lors même que le contrat aurait fixé un délai déterminé pour sa restitution, à moins qu'il n'existe entre les mains du dépositaire une saisie-arrêt ou une opposition à la restitution ou au déplacement de la chose objet du dépôt.

_____

(1) Cass., 16 août 1842 (S., 42, 1, 850).

APPENDICE AU CHAPITRE II

Il nous reste à nous poser, à propos de la responsabilité contractuelle du notaire, deux questions diamétralement opposées : c'est de savoir s'il peut se rendre garant de l'exécution des actes qu'il reçoit, s'il peut se porter caution pour l'une des parties qui recourent à son ministère et, d'autre part, s'il peut à l'inverse décliner toute responsabilité en faisant insérer dans l'acte une clause dite préventive ou d'exonération.

§ I. — Cautionnement.

Le notaire peut-il se porter caution du débiteur qui souscrit une obligation entre ses mains, et s'engager à payer à sa place pour le cas où il ne le ferait pas.

Il semble bien résulter des explications données à propos de l'article 8 de la loi de Ventôse que cela n'est pas possible, quel que soit le genre d'obligation contractée, puisque le notaire ne peut jamais être partie intéressée au contrat qu'il reçoit ; de plus, l'article 12 de l'ordonnance du 4 janvier 1843 interdit en termes formels aux notaires « de se constituer garants ou cautions, à quelque titre que ce soit, des prêts qui auraient été faits par leur intermédiaire ou qu'ils auraient été chargés de constater par acte public ou privé ».

Des peines disciplinaires sont édictées comme sanction de cette prohibition, mais enfin le notaire peut passer outre et accepter cette grave obligation avec ses conséquences : ce sera un nouveau cas de responsabilité contractuelle.

Mais, puisque le cautionnement est défendu ; de plus qu'il est très dangereux pour la caution, il ne faut pas admettre trop facilement que le notaire a bien voulu le prendre à sa charge.

L'article 2105 du Code civil dit d'ailleurs que « le cautionnement ne se présume pas, qu'il doit être exprès ».

Il serait donc inutile de chercher à prouver, d'après les circonstances de la cause, que le notaire a consenti tacitement à cautionner une dette, puisqu'il faut une déclaration expresse de volonté au moins verbale. D'ailleurs, au-dessus de cent cinquante francs, en l'absence de commencement de preuve par écrit, la preuve de ce cautionnement verbal ne pourrait être faite par témoins, conformément au droit commun.

Or, la jurisprudence a quelquefois admis que le cautionnement n'avait pas besoin d'être exprès et elle s'est basée sur de simples présomptions pour l'établir. Pour elle, le notaire devait être considéré comme garant quand il avait géré en maître une affaire comme si elle lui était personnelle.

C'est ainsi qu'un arrêt de la Cour de Douai, du 22 mars 1876 (1), a déclaré responsable comme garant un notaire qui s'était constitué le liquidateur du droit des créanciers intéressés dans un placement hypothécaire collectif et qui, sans faire intervenir dans un ordre amiable un créancier ayant un droit égal à celui d'autres créanciers colloqués, avait, au contraire, fait donner main-levée de son hypothèque sans qu'il ait touché le moindre remboursement.

De même un arrêt de la Cour d'Amiens, en date du 27 novembre 1889, a déclaré caution personnelle un notaire qui s'était obligé à payer à partir du jour où elles étaient versées entre ses mains, l'intérêt des sommes à lui remises pour en effectuer le placement, par la raison que l'officier public avait seul géré les créances, continué le service des intérêts, en un mot avait agi en maître du droit résultant du titre hypothécaire.

Ces deux jugements ont eu le tort d'admettre qu'un cautionnement pût exister sans avoir été accepté expressément : il aurait fallu voir, à notre avis, dans le premier cas, une gestion d'affaires et, dans le second, un mandat et rendre simplement responsable le notaire des fautes commises dans chacun de ces contrat ou quasi contrat.

Il est à souhaiter ici encore que les tribunaux tiennent mieux compte des règles formelles du Code et

(1) *Rev. du not.*, n° 5292.

qu'ils ne violent plus aussi manifestement les dispositions de la loi pour faire encourir aux notaires une
responsabilité extrêmement lourde et à laquelle ces
fonctionnaires ne se soumettent qu'excessivement
rarement.

§ II. — Clauses préventives ou d'exonération.

La facilité surprenante avec laquelle les tribunaux
chargent les notaires de toutes les obligations que
nous avons énumérées jusqu'ici et qui découlent en
particulier du mandat et de la gestion d'affaires, a engagé ces officiers publics à protester d'avance contre
les qualifications qu'on pourrait dans la suite leur
attribuer pour augmenter leur responsabilité. Ainsi,
pour permettre aux magistrats, en cas de difficulté, de
juger de la part qu'ils ont prise dans un acte susceptible d'apporter quelque préjudice à l'une des parties;
pour leur permettre, par conséquent, de décider de la
mesure dans laquelle un recours sera possible contre
eux, ils insèreront dans l'acte même, que la partie
s'est volontairement exposée à la lésion, et qu'elle n'a
fait aucun cas des avis prudents qui lui étaient donnés
et que finalement le rôle du notaire s'est borné à prêter son concours d'officier ministériel qu'il ne pouvait
refuser.

Les notaires peuvent-ils valablement faire ces restrictions ? Cela semble hors de doute. Quand les par-

ties signent ou approuvent l'acte qui renferme ces déclarations, elles en reconnaissent le bien fondé et si plus tard elles voulaient poursuivre le notaire en responsabilité, celui-ci aurait un moyen de les convaincre qu'il est hors de cause et qu'elles n'ont qu'à s'en prendre à elles-mêmes du dommage qui leur arrive.

La doctrine admet unanimement la légalité de ces clauses d'exonération, et plusieurs jugements l'ont également reconnue (1). Mais la jurisprudence semble aujourd'hui se fixer en sens contraire. La Cour de Cassation déclara (2) d'abord « que les tribunaux ne sont pas liés d'une manière absolue par la déclaration que fait à son profit le notaire rédacteur », puis elle proclamait hautement la complète nullité de telles stipulations « qui ne lient aucunement ni les parties, ni les juges » (3) ; et depuis, les Cours et les Tribunaux ont souvent rendu des décisions du même genre (4).

Pour nier la légitimité des clauses d'exonération, on dit qu'elles violent l'article 8 de la loi de Ventôse, qui fait défense aux notaires de recevoir des actes qui contiendraient quelque disposition en leur faveur (5).

(1) Amiens, 29 janvier 1863 (*Journ. du not.*, n° 1795). — Paris, 15 mars 1870 (D., 73, 1, 485). — Trib. de Blaye, 4 juin 1873 (*Rev. du not.*, n° 4438).

(2) Cass. (req.), 2 avril 1872 (S., 72, 1, 109).

(3) Cass. (req.), 17 juill. 1872 (S., 72, 1, 386).

(4) Trib. Seine, 26 janv. 1878 (*Journ. des not.*, n° 22906). — Paris, 12 nov. 1889 (*Journ. des not.*, 24435). — Trib. de Chambéry, 11 août 1890 (*Journ. des not.*, 1890, p. 749).

(5) Nous avons contesté (1ʳᵉ partie, ch. II, sect. II, § 11) que l'art. 8 fasse expressément défense aux notaires de recevoir les actes contenant des dispositions en leur faveur, cet article se référant aux actes dans lesquels

Il est aisé de réfuter un pareil argument. Ce que l'article 8 prohibe, ce sont les libéralités proprement dites, les avantages directs et positifs qui seraient faits au notaire, tandis qu'en faisant simplement constater par les parties qu'il a accompli tous ses devoirs, le notaire cherche seulement à éviter un dommage ; la mention qui nous occupe pourra bien être favorable au notaire ; mais on ne peut pas dire, sans forcer le sens ordinaire des mots, qu'elle soit une disposition en sa faveur.

Il serait trop injuste d'empêcher le notaire de prendre les précautions pour parer au danger qu'il prévoit. La loi elle-même ne l'oblige-t-elle pas quelquefois à faire dans les actes qu'il reçoit certaines énonciations destinées à prévenir des contestations qu'on soulèverait plus tard.

L'article 13 de la loi de l'an XI prescrit la mention de la lecture de l'acte qui doit être faite aux parties ; l'article 972 du Code civil requiert également la mention de la lecture du testament authentique qui doit être donnée au testateur et aux témoins ; l'article 2 de la loi du 24 juin 1843 exige qu'il soit fait mention de la présence du notaire en second ou des témoins dans

---

certains parents du notaire seraient parties ou qui contiendraient quelque disposition *en leur faveur* (à eux parents comme semble l'indiquer la tournure grammaticale de la phrase) ; mais comme nous avons admis par *a fortiori* que le notaire était incompétent dans l'acte qui le favorisait lui-même, il n'y a pas lieu de relever cette différence d'interprétation, les conséquences étant les mêmes.

les actes où leur présence effective est nécessaire, etc.
Ce sont bien là des clauses préventives; le législateur
a agi sagement en les rendant obligatoires; et quand
le notaire usera de la même prudence en en insérant
d'analogues dans l'un de ces actes, on déclarerait que
cela n'est pas licite ! Serait-ce rationnel ?

Du reste la jurisprudence manque de logique dans
l'application même de son système. D'après l'article 68
de la loi de Ventôse, l'acte qui contient des stipulations violant l'article 8 est nul. Or, les tribunaux se
contentent de tenir pour non écrites les clauses d'exonération renfermées dans les actes des notaires. Ils
n'ont pas osé appliquer jusqu'au bout leur théorie et
annuler l'acte tout entier, car ce résultat irait trop
ouvertement contre les intentions et les intérêts des
particuliers. Mais n'est-ce pas la condamnation de cette
argumentation spécieuse où se trahit une fois de plus
la manière hostile dont on interprète les textes contre
les notaires ?

Un autre motif a été mis en avant pour défendre la
doctrine de la jurisprudence. On a soutenu que si
l'on permet au notaire de se prévaloir des clauses
préventives par lui insérées dans les actes qu'il reçoit,
ces clauses deviendront de style, qu'elles se retrou-
veront dans tous les contrats et créeront pour le
notaire une complète immunité à l'égard des fautes
qu'il est capable de commettre. C'est craindre le
danger avant qu'il ne soit arrivé. Il sera temps de

réprimer l'abus quand il se présentera ; tant que le
notaire ne stipulera pas en termes vagues par une formule banale et d'une manière trop générale qu'il se
décharge de toute responsabilité à raison de la nullité
de l'acte ou des suites funestes de l'opération, tant
qu'il précisera, au contraire, les risques sur lesquels il
a attiré l'attention de son client et à propos desquels
il veut décliner sa responsabilité personnelle, il n'y a
pas de raison pour considérer comme lettre morte une
telle manifestation de volonté. Nous n'avons, d'ailleurs, jamais soutenu que le notaire pourrait, en le
stipulant, s'exonérer de ses obligations professionnelles.

Enfin, annuler par parti pris les clauses d'exonération ; refuser d'écouter le notaire qui a pris tous les
moyens pour prouver qu'il a apporté toute la prudence
désirable dans l'exercice de ses délicates fonctions,
qu'il a été contraint par les parties à dresser tels actes,
bien qu'il les en eût dissuadées et qu'il leur eût repré-
senté les dangers auxquels elles s'exposaient ; tenir
pour non avenues toutes les justifications qu'il en
apporte, n'est-ce pas dans bien des cas l'acculer dans
une position sans issue, en faire comme la victime
d'une fatalité contre laquelle il ne pourrait se débattre?
Il ne peut, en effet, refuser son ministère et il ne pourrait se garantir contre les imprudences qu'un client
entêté veut commettre quand même ! Cette conséquence serait monstrueuse et devrait à elle seule faire

rejeter la doctrine inique que nous déplorons de voir appliquer trop souvent.

Devant cette situation on a bien proposé aux notaires une dernière ressource qui, malheureusement, ne peut pallier à tous les événements, c'est de se faire décharger par une déclaration des clients insérée non plus dans l'acte authentique, mais dans un acte séparé sous seing privé. Mais quand les parties seront illettrées, incapables de signer, cette mesure de précaution ne s'offrira plus au notaire ; et dans ce cas où l'on s'accorde à augmenter, comme à plaisir, ses chances de responsabilité, il sera dans l'impossibilité de se protéger utilement.

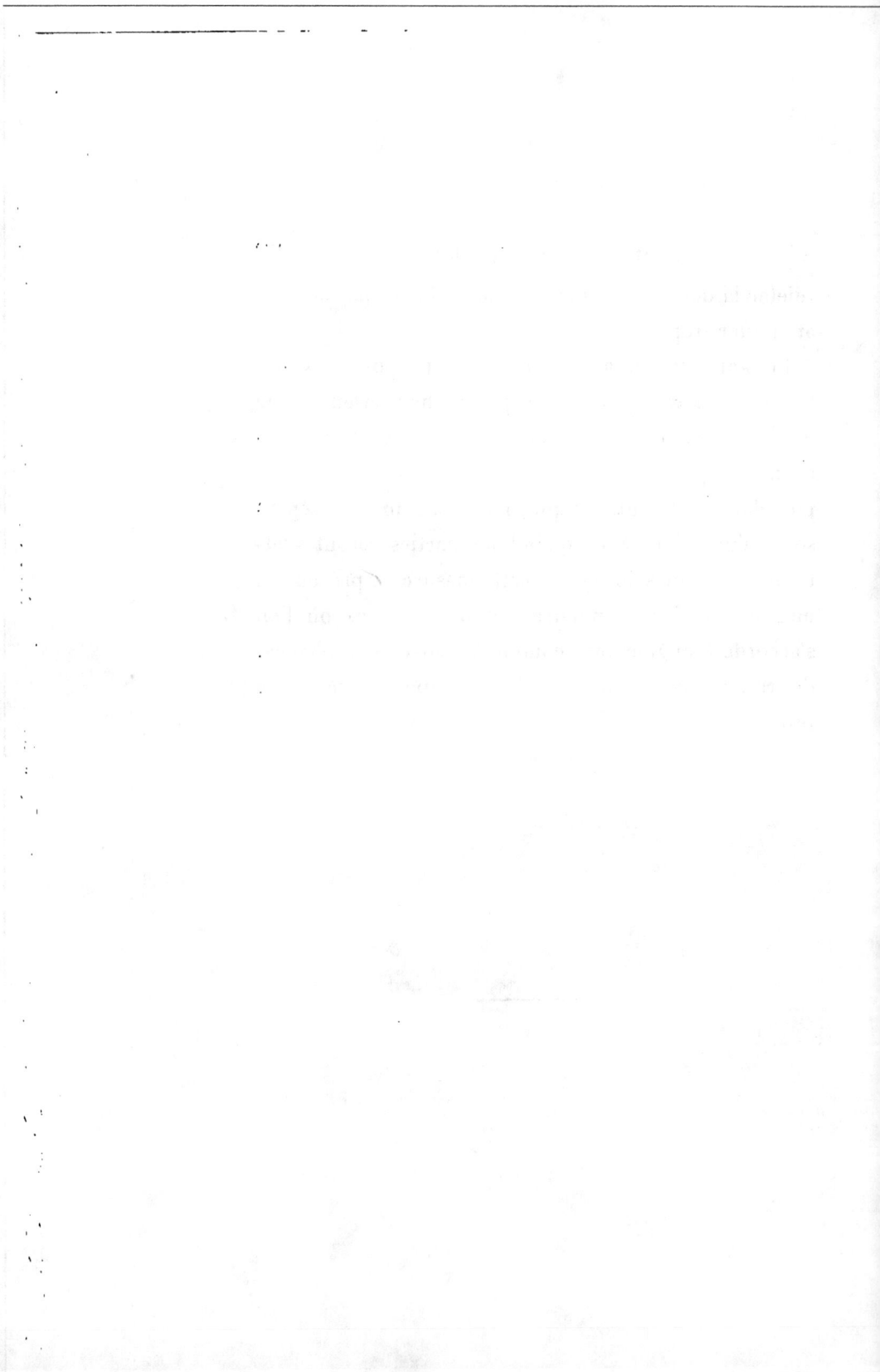

TROISIÈME PARTIE

EXERCICE DE L'ACTION EN RESPONSABILITÉ

Nous avons essayé d'établir les cas où le notaire était tenu de réparer le préjudice qu'il avait commis par sa faute. Mais cette réparation ne va pas être accordée d'office à la partie lésée : il faut que celle-ci s'adresse à la justice pour faire constater la faute du notaire et fixer le montant des dommages-intérêts auxquels elle a droit. Voyons donc maintenant à quelles conditions est soumis l'exercice de l'action en responsabilité ; nous noterons ensuite ce qu'il y a de particulier en cas d'appel et de recours en cassation ; nous dirons enfin, à propos de l'exécution des condamnations, dans quels cas s'appliquent la contrainte par corps et le privilège sur le cautionnement.

CHAPITRE Ier

CONDITIONS DE L'EXERCICE DE L'ACTION EN RESPONSABILITÉ

Nous savons que toute personne qui a souffert un dommage du fait du notaire, peut recourir contre lui ; mais le notaire peut être décédé ou démissionnaire au moment où ce dommage est éprouvé : nous devons nous demander contre qui l'action peut alors être intentée. Nous examinerons ensuite devant quel tribunal elle devra être portée. Enfin pendant combien de temps elle pourra être exercée.

SECTION PREMIÈRE

CONTRE QUI PEUT ÊTRE EXERCÉE L'ACTION EN RESPONSABILITÉ

Que le notaire soit démissionnaire ou encore en exercice, c'est à lui que doivent être réclamés les dommages-intérêts destinés à réparer le préjudice occasionné par sa faute.

Le successeur du notaire qui est seulement obligé de veiller à la garde des minutes qu'il a reçues de son prédécesseur, n'est pas responsable des négligences apportées dans leur rédaction.

Sur la question de savoir si le notaire en second peut être poursuivi comme le notaire en premier, nous rappelons la distinction que nous avons faite entre les actes pour lesquels sa présence réelle est nécessaire et les autres. Pour ces derniers, comme le notaire en second se borne à les contresigner sans en prendre connaissance, on ne peut lui imputer à faute d'avoir laissé passer dans l'acte l'erreur ou l'irrégularité, source du préjudice qui donne ouverture à l'action en dommages-intérêts.

Dans les actes solennels au contraire, la présence effective du notaire en second a été exigée pour donner plus de garanties aux contractants, cet officier public doit donc répondre avec son collègue, rédacteur de l'acte, des vices dont l'acte est affecté et que son devoir était de dévoiler. Sans doute, nous avons dit qu'en fait le notaire en premier assumait sur lui toute la responsabilité de l'acte, mais il n'en est pas moins vrai que le notaire en second peut également être poursuivi par les parties. Il est même tenu *solidairement*, d'après M. Sourdat, avec le notaire en premier à la réparation du préjudice causé.

On a nié la possibilité d'une condamnation solidaire en s'appuyant sur l'article 1202 du Code civil, aux termes duquel la solidarité ne se présume pas et ne peut exister qu'en vertu d'une stipulation expresse des parties ou d'une disposition formelle de la loi. Or, aucune loi ne la prononce pour les délits civils et les quasi-délits ; l'article 55 du Code pénal ne l'édicte qu'en cas de crime et de délit. Tant que le fait reproché aux deux notaires n'est pas de nature à être déféré aux tribunaux de répression, ils ne pourraient donc être condamnés solidairement à sa réparation.

La jurisprudence et une grande partie de la doctrine estiment au contraire que la solidarité doit être admise entre les auteurs d'un même quasi-délit ou d'un même délit civil. Le principe posé dans l'article 1202 « que la solidarité ne se présume pas » ne se rapporte qu'à la solidarité conventionnelle, comme l'indique cette disposition : « il faut qu'elle soit expressément *stipulée* ». L'indivisibilité des actes dommageables commis par plusieurs personnes, l'impossibilité de distinguer la part que chacune d'elles y a prise doivent produire la solidarité dans la réparation, quand même le fait ne constituerait qu'un quasi-délit. Le dommage est résulté du concours de plusieurs fautes d'imprudence et de négligence ; il a sa source ou est présumé l'avoir dans toutes et dans chacune d'elles à la fois. Donc chacun de ceux qui ont commis la faute est tenu à la réparation de tout le dommage en vertu de l'article 1383 du Code civil. Il y a donc une obligation solidaire entre eux et cette obligation naît de la loi.

Cependant la plupart des partisans de cette doctrine n'assimilent pas complètement la solidarité qui atteint les différents auteurs d'un délit civil ou d'un quasi-délit avec celle qui est encourue en cas de stipulation

formelle ; ils disent que la solidarité dans le premier
cas est *imparfaite,* que les auteurs du dommage peuvent bien être obligés l'un comme l'autre à le réparer
intégralement, mais qu'ils ne se représentent pas réci-
proquement à l'effet de recevoir les poursuites du
créancier, du demandeur en dommages-intérêts, ni à
l'effet de perpétuer l'obligation comme cela a lieu en
cas de solidarité parfaite.

Cette théorie d'une solidarité imparfaite a le défaut
de n'avoir aucune base dans les textes ; puisqu'on n'invoque la solidarité que pour lui faire produire l'un de ses
effets, le principal il est vrai, pour autoriser le créancier à demander le tout, *solidum* à chaque co-débiteur,
il serait plus logique d'appeler l'obligation de chacun
des co-délinquants tout simplement *obligation in solidum*
sans chercher à justifier les expressions « solidarité,
obligation solidaire » qu'on reconnaissait ne pas con-
venir parfaitement.

Même dans les actes non solennels où la présence
du notaire en second n'est pas nécessaire, ce dernier
pourrait également être poursuivi s'il était prouvé
qu'il a effectivement coopéré à la rédaction de l'acte,
ce qui arrive quand il intervient sur la demande expresse de l'une des parties.

Mais certains arrêts nous paraissent empreints d'une
trop grande rigueur quand ils ont condamné conjoin-
tement et solidairement deux notaires qui avaient
joué des rôles tout à fait différents et dont il était

parfaitement possible de déterminer la part de responsabilité.

Ainsi la Cour d'Orléans, par un arrêt du 10 décembre 1875 ratifié par la Cour de cassation du 20 novembre 1876 (1), déclarait solidairement responsables du paiement des dommages-intérêts deux notaires qui, dans un placement hypothécaire, avaient commis l'un une simple négligence, l'autre un véritable dol. Le premier avait eu le tort de ne pas contrôler en qualité de mandataire du prêteur les droits de l'emprunteur sur les immeubles offerts en garantie, tandis que le second s'était rendu complice de la fraude commise par le débiteur en dissimulant au créancier la véritable situation hypothécaire. Il ne s'agissait plus dans l'espèce d'un même délit ou d'un même quasi-délit commis par plusieurs personnes et dont le résultat était indivisible. De plus, si la partie lésée, au lieu de négocier le prêt par l'intermédiaire du notaire, avait commis elle-même l'imprudence reprochée à ce dernier de ne pas vérifier l'état hypothécaire, elle ne pourrait pas réclamer à l'autre notaire la réparation intégrale du dommage qui serait le résultat aussi bien de sa propre faute que du dol de l'officier public. La situation de ce dernier ne doit pas varier parce qu'une négligence a été commise par le notaire du prêteur plutôt que par le prêteur lui-même.

---

(1) Cass. (req.), 20 novembre 1876 (S., 78, 1, 273).

Les deux notaires auraient dû, croyons-nous, n'être condamnés qu'individuellement et partiellement, suivant une répartition déterminée par les juges ; le notaire du prêteur devait une partie des dommages-intérêts comme mandataire, en vertu de l'art. 1992, tandis que l'autre devait l'autre partie en vertu de l'article 1382.

Si le notaire coupable est décédé, ses héritiers peuvent-ils être actionnés en dommages-intérêts du chef de leur auteur ?

Dans l'ancien droit, une distinction fort équitable était faite : l'action n'était recevable contre les héritiers du notaire que pour les faits dont ils avaient eux-mêmes profité et aussi dans le cas où l'instance avait été commencée du vivant du notaire. « Dans le premier cas, ainsi que l'explique M. Pagès, on avait appliqué la maxime que nul ne peut s'enrichir aux dépens d'autrui ; dans le second, l'héritier trouvait l'action dans la succession de son auteur : celui-ci avait pu préparer sa défense ; et de plus, l'héritier connaissant la demande existante, pouvait à son choix répudier l'hérédité, ou l'accepter en se soumettant aux chances du procès pendant. Hors de ces cas on n'avait pas cru devoir admettre, après le décès d'un notaire, une action en responsabilité contre ses héritiers, alors que ceux-ci n'avaient aucun moyen de se défendre, et qu'en acceptant la succession de leur auteur ils n'avaient eu connaissance que des charges

apparentes et déterminées et n'avaient pas pu prévoir
cette responsabilité accablante et indéfinie qui pourrait surgir à chaque instant de l'examen de ces nombreux actes reçus par leur auteur pendant un long
exercice ».

Quoique les mêmes raisons subsistent encore aujour-
d'hui pour limiter dans ces conditions le droit de
poursuivre les héritiers du notaire, il faut reconnaître
que nos lois ne permettent pas de faire ces réserves.
L'action publique pour l'application de la peine s'éteint
bien par la mort de celui qui a commis un crime ou
un délit, mais l'action civile pour la réparation du
dommage survit à l'auteur du dommage et l'article 2
du Code d'instruction criminelle dit formellement
qu'elle peut être exercée contre le prévenu *ou ses
représentants*.

Toutefois, ajouterons-nous avec M. Pagès, les tribunaux ne doivent admettre l'action en garantie contre
les héritiers qu'avec une grande réserve, car ceux-ci
seront souvent dans l'impossibilité de faire valoir tous
les moyens de justification dont pouvait disposer leur
auteur, et les demandeurs pourront avoir attendu précisément le décès du notaire pour écarter les moyens
de défense que celui-ci n'aurait pas manqué de leur
opposer.

Disons en terminant qu'en tous cas, contre les héritiers du notaire en faute, une condamnation *in solidum*
ne pourrait être prononcée, mais qu'elle se divisera au

contraire de plein droit entre eux, conformément à l'article 1220 du Code civil.

SECTION DEUXIÈME

DEVANT QUEL TRIBUNAL L'ACTION DOIT ELLE ÊTRE PORTÉE

Il faut distinguer selon que la faute qui donne lieu aux dommages-intérêts engage ou non la responsabilité pénale du notaire en même temps que sa responsabilité civile.

L'article 3 du Code d'instruction criminelle porte en effet que « l'action civile peut être poursuivie en même temps et devant les mêmes juges que l'action publique ».

Quand donc le notaire sera déjà poursuivi pour un crime ou un délit, la partie lésée pourra porter son action en dommages-intérêts devant la juridiction répressive qui statuera alors en même temps sur l'action publique et sur l'action civile. Mais les juges de l'action publique, à moins qu'il ne s'agisse de la Cour d'assises, ne pourront condamner le notaire à des dommages-intérêts que s'ils le reconnaissent coupable d'un fait puni par la loi pénale ; en ce qui concerne la Cour d'assises, les articles 358, 2° et 366, 1° du Code d'instruction criminelle posent une règle exceptionnelle ; dans le cas d'absolution comme dans celui d'acquittement ou de condamnation, la Cour doit statuer sur les dommages-intérêts réclamés par la partie civile.

Si le tribunal répressif, la Cour d'assises comme un autre, a cessé d'être compétent sur l'action publique, par suite du décès du prévenu, de la suppression de l'incrimination du fait par une loi nouvelle, ou parce qu'un jugement de condamnation est déjà intervenu, ce tribunal ne pourra pas non plus statuer sur l'action en dommages-intérêts.

La partie lésée doit donc bien réfléchir avant d'adopter cette manière de réclamer l'indemnité qui lui est due, car une fois son choix fait, elle ne peut plus exercer son action par voie directe et principale ou par voie incidente accessoirement à une autre action civile : « *electa una via non datur regressus ad alteram* ». Il est donc plus prudent à elle de porter sa demande devant les tribunaux civils, que le fait dommageable constitue ou non un délit réprimé par la loi pénale.

Il y a seulement à remarquer qu'au cas où une action publique serait déjà intentée contre le notaire quand la partie civile poursuit celui-ci en dommages-intérêts devant la juridiction civile, ou si l'action publique intervient au cours de l'instance civile, les juges de l'action civile devront suspendre leur décision jusqu'à ce que les tribunaux répressifs aient rendu leur sentence, conformément à la règle : « *le criminel tient le civil en état* ». De plus, le jugement civil devra respecter cet autre principe que « *le criminel emporte le civil* », et ne pourra pas, par conséquent, être en contradiction avec la solution précédemment donnée sur le fond du débat.

Il n'en serait plus de même si le notaire avait seulement été l'objet de poursuites disciplinaires pour une infraction à ses obligations professionnelles. C'est du moins ce qu'ont décidé à plusieurs reprises la Cour de cassation et les tribunaux (1) : un arrêt de la Cour de Nîmes du 17 décembre 1839 déclarait notamment que l'action en dommages-intérêts restait ouverte même après l'acquittement du notaire poursuivi disciplinairement par le ministère public pour infraction à l'obligation de résidence (2).

Quand la partie lésée recourra aux tribunaux civils pour se faire allouer les dommages-intérêts auxquels elle prétend, quel sera donc le tribunal compétent ?

L'article 53 de la loi de Ventôse dispose que : « Toutes suspensions, destitutions, condamnations d'amende et *dommages-intérêts* seront prononcées contre les notaires par le tribunal civil de leur résidence... »

Quand l'action en dommages-intérêts sera intentée par voie directe et principale, c'est-à-dire quand elle ne se rattachera pas à un différend déjà porté devant la justice civile, ce sera l'application du droit commun,

_____

(1) Cass., 11 janv. 1841 (S., 41, 1, 19). — Grenoble, 2 mars 1850 (S., 51, 2, 84).
(2) *Journal des notaires*, n° 10723.

formulé ainsi dans l'article 59, 1° du Code de procédure civile : « En matière personnelle, le défendeur sera assigné devant le tribunal de son domicile ».

Mais si la partie civile voulait exercer son action par voie incidente, accessoirement à une autre instance déjà introduite devant un tribunal autre que celui de la résidence du notaire, elle ne pourrait se prévaloir de l'article 181 du Code de procédure, aux termes duquel ceux qui sont appelés en garantie peuvent être cités devant le tribunal où la demande originale est pendante, encore qu'ils dénient être garants.

L'article 53 de la loi de Ventôse ne distingue pas en effet : il décide que dans tous les cas les notaires doivent être jugés par le tribunal de leur résidence. Le législateur de l'an XI, qui a voulu que l'on tînt compte des circontances pour déterminer la mesure dans laquelle on rendrait le notaire responsable de ses fautes professionnelles, a complété son œuvre toute d'équité en accordant à ce fonctionnaire cette précieuse garantie de ne pouvoir être jugé que par ses juges naturels, par ceux qui connaissent le mieux ses antécédents, sa conduite habituelle et les usages particuliers aux notaires du même ressort.

Dans un arrêt du 2 mars 1846 (1), la Cour de cassation avait cependant interprété tout autrement l'article

(1) Cass. (req.), 2 mars 1846 (S., 46, 1, 215).

53 de la loi de Ventôse. D'après cet arrêt, l'action en dommages-intérêts ne devrait être obligatoirement portée devant le tribunal de la résidence du notaire inculpé que si elle se trouve jointe à une action disciplinaire et parce qu'alors elle est jointe à une action intéressant l'ordre public. Dans les autres cas, au contraire, l'action en dommages-intérêts resterait soumise au droit commun : elle devrait, en conséquence, être portée devant le tribunal du domicile du défendeur si elle est principale, et devant le juge saisi de la demande originaire si elle est exercée par voie de garantie.

La distinction établie dans cette théorie est tout à fait arbitraire ; les motifs qui l'ont inspirée sont absolument contredits par les déclarations faites au Tribunat, lors de la présentation de la loi de Ventôse par le tribun Favard de Langlade : « Le projet, disait-il dans la séance du 21 Ventôse an XI, défère aux tribunaux la connaissance des suspensions, destitutions, condamnations d'amende et dommages-intérêts auxquels les notaires se trouvent exposés dans les cas prévus par la loi. Il n'était pas possible de leur donner une *sauvegarde plus rassurante* contre toute espèce d'acte arbitraire ».

L'article 53 a donc voulu dans tous les cas accorder au notaire la même « sauvegarde rassurante » et n'a pas le moins du monde distingué entre le cas où cet officier public serait poursuivi uniquement par les parties intéressées, et celui où il le serait en même temps par

le ministère public exerçant une action disciplinaire
contre lui.

La Cour de cassation est d'ailleurs revenue sur sa
première opinion : la Chambre des requêtes, statuant
par voie de règlement de juges le 29 juin 1881 (1), a
décidé que l'action dirigée contre un notaire, à raison
du préjudice causé par sa faute ou sa négligence, est
une action directe et principale en dommages-intérêts
qui doit être portée devant le tribunal civil de son
domicile et ne saurait être déférée sous forme de
demande en garantie à un autre tribunal saisi d'une
instance en liquidation avec laquelle elle n'a aucun
lien nécessaire.

Avant même cet arrêt, il avait été décidé que lorsqu'un
créancier hypothécaire est menacé dans un ordre de
ne pas venir en rang utile pour la totalité de sa
créance, il ne peut appeler devant le tribunal saisi du
règlement de l'ordre le notaire auquel il impute la
responsabilité du placement (2).

Si un notaire est démissionnaire, s'il a changé de
résidence et que l'on veut le poursuivre à raison d'un
fait se rattachant à son ancien exercice, quel sera le
tribunal compétent ?

Les motifs que nous avons donnés de la disposition
de l'article 53 sembleraient devoir faire décider que ce
sera toujours le tribunal de l'ancienne résidence du

(1) S., 82, 1, 61.
(2) Cass., 4 juill. 1860 (D., 60, 1, 283).

notaire, car c'est ce tribunal qui pourra le plus facilement et le plus sûrement réunir les éléments nécessaires pour mesurer le degré de la faute commise par le notaire. Cependant, la Cour de Limoges a rendu le 16 décembre 1890 (1) un arrêt en sens contraire : elle a décidé qu'il suffisait d'actionner l'ancien notaire devant le tribunal de son domicile actuel.

Si la jurisprudence a quelquefois interprété autrement que la doctrine la disposition de l'article 53 pour déterminer quel est le tribunal qui peut statuer sur les dommages-intérêts réclamés aux notaires, elle a toujours été d'accord avec les auteurs pour refuser toute compétence en cette matière aux tribunaux d'exception, tels que les tribunaux de commerce, les tribunaux administratifs, les chambres de discipline et même les justices de paix, quelque minime que fût le taux de la demande.

Enfin, terminons en disant que l'action en responsabilité intentée contre les notaires est, comme toute instance civile, soumise aux préliminaires de conciliation, si elle est principale et introductive d'instance. Ce sera le cas le plus ordinaire : car elle ne pourra être accessoire et dispensée du préliminaire de conciliation que si le tribunal de la résidence du notaire devant lequel elle doit être portée est précisément déjà appelé à statuer sur la demande principale.

(1) *Journal des notaires*, 24749.

SECTION TROISIÈME

DANS QUEL DÉLAI L'ACTION DOIT ELLE ÊTRE INTENTÉE

Aucune loi n'ayant limité à un temps plus court l'action en responsabilité contre les notaires, cette action est soumise à la prescription trentenaire conformément à l'article 2262 du Code civil, sauf une exception : quand l'action civile naîtra d'un fait susceptible de donner lieu également à une action pénale, elle est prescrite par le même délai que l'action publique.

Cela ne fait de doute pour personne ; mais une question très discutée est celle de savoir quel est le point de départ de cette prescription.

D'après une première opinion (1), la prescription commence à courir non pas du jour de la faute ou de la négligence commise par le notaire, mais de l'époque où le préjudice a été souffert par le client du notaire, le plus souvent du jour où un jugement aura prononcé la nullité de l'acte.

La première condition pour réussir dans une action en responsabilité, disent les partisans de cette doctrine, est d'établir l'existence d'un préjudice : pas d'intérêt, pas d'action. A quelque époque que remonte la faute du notaire, l'action en responsabilité n'a de raison d'être que du jour où cette faute produit son

---

(1) ROLLAND DE VILLARGUES, *Rép.*, V° *Responsab. des notaires*, n° 269. — PAGÈS, *op. cit.*, n° 247. — ELOY, *op. cit.*, n° 964. — VERGÉ, *op. cit.* n° 240.

effet en occasionnant un préjudice. Donc « point d'action tant que le grief n'existe pas, conclut M. Eloy ;... ce n'est pas du grief possible que réparation est due, c'est du grief établi ».

Plusieurs sentences judiciaires ont adopté la même manière de voir et rappellent l'ancienne maxime fameuse : *Contra non valentem agere non currit præscriptio.*

C'est ainsi que la Cour de Chambéry, dans un arrêt du 9 janvier 1884 (1), décidait que la prescription de l'action en responsabilité contre un notaire, à raison de la nullité d'une donation dont il avait rédigé la minute sans annexer l'état estimatif des meubles prescrit par l'article 948 du Code civil, ne court que de l'époque où la donation ayant été déclarée nulle, le donataire a eu intérêt à recourir contre le notaire. « Attendu, dit cet arrêt, que la prescription ne court pas à l'encontre de ceux qui ne peuvent agir pour l'interrompre et pour sauvegarder leurs droits ; que l'article 2391 du Code civil sarde (2257 du Code civil français) consacre cette règle par l'application qu'il en fait dans trois cas déterminés, savoir : aux créances conditionnelles, aux actions en garantie et aux créances à jour fixe, mais que la jurisprudence et la doctrine s'accordent à reconnaître que cette énumération n'est pas limitative. »... (2)

(1) D., 84, 2, 62.
(2) Dans le même sens : Poitiers, 2 fév. 1825 (S., 26, 2, 67).

Sans doute, disent ceux qui soutiennent cette théorie, cette solution pourra quelquefois laisser longtemps dans l'incertitude le notaire et ses héritiers, mais c'est un inconvénient que le législateur a prévu et accepté dans certains cas analogues. L'article 1304 (Code civil) ne fait courir la prescription de l'action en nullité ou en rescision d'une convention en cas d'erreur ou de dol que du jour où ces vices du consentement ont été découverts ; à l'égard des actes faits par l'interdit, la prescription ne court que du jour de la levée de l'interdiction ; en ce qui concerne les obligations contractées par un mineur, l'action en nullité peut être intentée pendant dix ans à partir de sa majorité.

Mais nous préférons une seconde opinion qui nous paraît plus juridique, laquelle assigne pour point de départ à la prescription le jour même où la faute a été commise par le notaire.

Il est exact qu'on ne peut réclamer de dommages-intérêts tant que le préjudice n'est pas éprouvé, mais la menace d'un dommage futur même éventuel ne constitue-t-elle pas un intérêt suffisant pour autoriser le client du notaire à réclamer, à défaut d'une reconnaissance volontaire, une reconnaissance judiciaire de la faute commise par l'officier public. Pour employer les expressions mêmes de M. Eloy, le *grief* peut être *établi* dès que la faute a eu lieu.

La règle « *contra non valentem...* » que nous avons vue invoquée par la cour de Chambéry existait bien

dans l'ancien droit ; mais s'il est vrai, comme le constate l'arrêt en question, qu'elle est encore souvent
appliquée par nos tribunaux, c'est à tort et cela montre
que la force de la tradition est quelquefois plus puis-
sante que la volonté du législateur. Cette règle qui
laissait à l'arbitraire du juge le soin de décider s'il y
avait eu impossibilité d'agir, donnait lieu autrefois à de
nombreux abus auxquels les rédacteurs du Code civil
ont voulu mettre fin en décidant, dans l'article 2251,
qu'il n'y a pas d'autres causes de suspension de la
prescription que celles admises par la loi.

Quand même donc l'article 2257 cité par l'arrêt de
Chambéry aurait fait l'application de cet ancien principe dans trois cas particuliers, il ne serait pas permis
d'étendre par analogie ses dispositions à d'autres cas
que ceux qui sont prévus. Or, nous croyons que dans
les trois hypothèses indiquées par l'article 2257, si la
prescription ne court pas, ce n'est pas en vertu de
l'adage *contra non valentem agere non currit præscriptio* qui permettait d'invoquer toutes sortes d'obstacles de fait pour écarter l'effet de la prescription,
mais plutôt en vertu de cette autre maxime : *actioni
non natæ non præscribitur* qui est encore en vigueur
et qui signifie que l'action ne peut se prescrire si elle
n'existe pas. Puisque le client du notaire avait un
moyen d'agir contre lui dès l'instant de la faute, il ne
peut être question de suspendre indéfiniment la prescription en sa faveur.

Enfin la doctrine que nous combattons pourrait faire peser sur le notaire ou ses héritiers une responsabilité parfois séculaire à raison d'une simple faute, d'une imprudence, d'une négligence ; tandis que l'action publique et l'action civile, nées d'un crime, d'un délit, d'une contravention, se prescriront par dix ans, trois ans, un an, à partir du jour où ces infractions auront été commises, ou de l'époque du dernier acte d'instruction ou de poursuite (article 637 et 638 du Code d'instruction criminelle).

C'est, en effet, une règle d'ordre public que lorsque l'action civile naît d'un fait incriminé par la loi pénale, elle se prescrit par le même laps de temps que l'action publique. Dans ce cas, l'action en dommages-intérêts sera donc, par exception, soumise à une action plus courte que celle de trente ans.

A l'inverse, nous reconnaissons que la prescription de l'action en responsabilité pourra, conformément au droit commun, être retardée et exiger plus de trente ans, s'il survient l'une des causes ordinaires de suspension ou d'interruption, comme la minorité, ou une citation en justice (1).

La Cour de cassation, dans un arrêt du 27 mai 1857, admit sur la question qui nous occupe un système intermédiaire : la prescription de l'action en responsabilité courrait du jour de la réception de l'acte, si la faute reprochée au notaire consiste en un vice de forme

(1) S., 58, 1, 133.

que le client aurait dû ou pu immédiatement remarquer; s'il s'agit, au contraire, d'un vice moins apparent, le point de départ de la prescription serait reculé au jour de la découverte de la faute commise.

Il s'agissait dans l'espèce, d'une constitution d'hypothèque annulée parce que l'immeuble appartenait en propre à la femme du débiteur et que celle-ci n'avait pas concouru à l'acte. La Cour de Paris, tout en reconnaissant que le notaire avait commis une faute en ne vérifiant pas par un examen personnel les droits du débiteur sur l'immeuble donné en garantie, avait déclaré que la prescription était acquise à l'officier public : l'acte litigieux datait, en effet, du 12 août 1813 et la créance était échue en 1819, l'action en dommages-intérêts n'avait été dirigée contre les héritiers du notaire qu'en 1853, c'est-à-dire plus de trente ans après l'exigibilité de la créance, époque à partir de laquelle la Cour estimait que la prescription avait commencé à courir.

En Cassation, l'arrêt fut cassé après délibéré en chambre du conseil : « Vu l'article 2257 du Code civil ainsi conçu...., dit la Cour suprême ; attendu que le motif de ces dispositions est que, dans les cas qu'elles prévoient, le créancier ne peut agir tant que le fait auquel son droit et son action sont subordonnés ne s'est pas réalisé ; — que le même motif existe toutes les fois que le créancier peut *raisonnablement* et aux yeux de la loi *ignorer l'existence du fait* qui donne

naissance à son droit et à son intérêt et, par suite,
ouverture à son action;.... attendu que, dans l'espèce,
la faute imputable au notaire *n'était pas un vice de
forme* que le créancier aurait dû et pu reconnaître à
l'instant même, immédiatement après la vérification
de l'acte ».

Ainsi, d'après la Cour de cassation, la prescription est
suspendue si celui à qui elle est opposée avait une
juste cause d'ignorer son droit. Mais « il est palpable,
dit M. Baudry-Lacantinerie (1), que cette exception
tend à détruire en grande partie la règle. En général,
ce ne sont pas ceux qui ont connaissance de leur droit
qui le laissent prescrire, ce sont ceux qui l'ignorent et,
avec quelque bonne volonté, on peut presque toujours
trouver la cause de l'ignorance ».

M. Laurent (2), de son côté, critique de la façon suivante l'argumentation de la Cour de cassation dans
l'arrêt que nous venons de citer. « D'abord, l'interprétation que la Cour donne à l'article 2257 n'est pas
exacte : cette disposition n'établit pas une suspension
de la prescription fondée sur ce que le créancier ne
peut agir ; la prescription, dans les cas qu'elle prévoit,
est impossible, tant que la condition est en suspens ou
que le terme n'est point échu parce qu'il n'y a pas de
prescription quand il n'y a pas d'action, tandis que la
suspension de la prescription suppose qu'il y a une

(1) *Précis de droit civil*, t. III, nº 1657.
(2) *Principes de droit civil français*, t. XXXII, nº 43.

action. Telle était dans l'espèce l'action en responsabilité contre le notaire. Le créancier pouvait agir contre le notaire : l'action était née ; s'il n'a pas agi, c'est qu'il ignorait le droit qui lui appartenait... Or, de l'aveu de tous, l'ignorance n'empêche pas la prescription. La Cour de cassation elle-même le reconnaît... La distinction que la Cour fait entre les vices apparents et les vices extrinsèques est très équitable, mais elle n'est fondée sur aucune loi et sur aucun principe. Dans un cas l'ignorance est excusable ; dans l'autre, elle ne l'est pas. Soit ; mais où est-il dit que l'ignorance excusable empêche le cours de la prescription ? C'est créer une cause de suspension que la loi ne connaît point et qui n'a rien de commun avec la disposition de l'article 2257 que la Cour invoque à titre d'analogie.

CHAPITRE II

Après avoir examiné les règles spéciales à l'exercice de l'action en responsabilité devant le tribunal de première instance, voyons à quelles conditions sont soumis l'appel et le pourvoi en cassation contre la sentence intervenue.

SECTION PREMIÈRE

DE L'APPEL

L'article 53 de la loi de Ventôse dont nous avons déjà cité la première partie pour déterminer quel est le tribunal de première instance compétent en notre matière, se termine ainsi : « Ces jugements seront sujets à l'appel et exécutoires par provision, excepté quant aux condamnations pécuniaires ».

Les suspensions et destitutions par dérogation au droit commun sont exécutoires par provision, parce que l'ordre public est intéressé à ce que le notaire condamné à l'une de ces peines ne puisse continuer ses fonctions en se prévalant de l'effet suspensif de l'appel ; mais faute des mêmes motifs, le jugement qui condamne le notaire à payer des dommages-intérêts réclamés par un particulier lésé reste soumis à la règle générale de l'appel suspensif. Mais l'appel peut être interjeté pour toute condamnation, et comme le texte ne fait pas de réserve, on avait généralement admis jusqu'en ces dernières années que cette voie de recours était toujours possible, même quand le montant de la première condamnation était inférieur à 1,500 francs, taux au-dessous duquel la compétence des tribunaux de première instance est en dernier ressort d'après le droit commun.

Un arrêt de la Cour d'Angers du 20 mai 1893 (1), argumentant de ce que l'article 53 se trouve placé sous la rubrique « Des Chambres de discipline », décida que l'exception consacrée par cet article en matière d'appel devait être restreinte aux seules actions en dommages-intérêts intimement liées à des poursuites disciplinaires et ne saurait jamais avoir pour effet, lorsque la valeur du litige serait inférieure au taux de la compétence en dernier ressort des tribunaux d'arrondissement, de rendre l'appel recevable pour de simples actions en responsabilité intentées en dehors de toute poursuite disciplinaire, en un mot n'ayant pour objet et pour cause que le règlement d'un intérêt privé.

Cette argumentation nous semble singulièrement forcée. N'est-il pas plus logique d'interpréter l'article

(1) *Revue du not.*, n° 9024.

53 comme l'a toujours fait la doctrine et comme cela
découle naturellement des termes employés dans ce
texte : « *Toutes* suspensions, destitutions, condamnations
d'amendes et de dommages-intérêts seront prononcées
contre les notaires par le tribunal civil de leur résidence..., ces jugements seront sujets à l'appel, etc. ».

Les autres règles relatives à l'appel des décisions
judiciaires rendues contre les notaires ou à leur profit
sont celles du droit commun.

Ainsi l'intimé, le défendeur en appel, peut faire
appel incident pendant tout le cours de l'instance en
appel, par simple requête, ce qui permet à la Cour de
réformer le jugement également en sa faveur (art. 443,
C. de proc. civ., alinéa 3) ; en matière indivisible
l'appel formé régulièrement par une partie profitera à
tous les intéressés ; enfin il ne peut être formé en
appel aucune nouvelle demande, conformément à l'article 464 du Code de procédure.

Toutefois, comme le remarque M. Bauby (1), cette
dernière disposition n'est pas considérée par la Cour
de cassation « comme énonçant une règle d'ordre
public et dès lors absolument inflexible. L'on a pu, en
conséquence, décider fort justement que la question de
garantie pouvait être formulée pour la première fois
devant la Cour d'appel et résolue par elle lorsque le
notaire garant avait, en défendant au fond sur cette

(1) *Op. cit.*, p. 493.

demande, librement renoncé au bénéfice d'une règle
inscrite uniquement dans son intérêt particulier (1).
Pour le même motif, il faudrait admettre que la récla-
mation de dommages-intérêts exercée contre ses dé-
tracteurs par un notaire acquitté en première instance
et qui avait négligé de la formuler devant le tribunal
(par voie de demande reconventionnelle) devait suivre
régulièrement son cours dans cette seconde instance,
si l'adversaire n'opposait dès le début aucune objection
à sa recevabilité (2) ».

SECTION DEUXIÈME

RECOURS EN CASSATION

Des quatre causes qui donnent ouverture à cassation : l'incompétence ou l'excès de pouvoir, la violation de la loi, la violation des formes de procédure
prescrites à peine de nullité, la contrariété de jugements en dernier ressort rendus par des cours ou tribunaux différents entre les mêmes parties et sur les
mêmes moyens ; la dernière ne peut se présenter en
notre matière puisque, nous le savons, un seul tribunal est compétent pour juger la responsabilité des
notaires (3). Quant à l'incompétence ou à l'excès de

(1) Cass. (req.), 2 mars 1855 (S., 55, 1, 625).
(2) Cass. (req.), 26 janvier 1886 (*Journ. des not.*, 23549).
(3) Il pourrait arriver que deux jugements contradictoires fussent rendus
par les mêmes Cours ou Tribunaux statuant sur la même affaire : il se

pouvoir et la violation des formes de procédure, il n'y a rien de spécial à signaler en ce qui concerne les actions exercées contre les notaires.

Reste donc le cas de violation de la loi. Conformément au droit commun, la Cour de cassation doit seulement rechercher si le droit a ou n'a pas été violé par le jugement soumis à son contrôle : elle n'a pas à vérifier si les faits relatés dans la décision attaquée sont vrais ou faux. Les Tribunaux et les Cours jugent en effet souverainement la question de fait. Le rôle de la Cour de cassation est d'assurer l'unité de jurisprudence et de législation sur le territoire français : elle n'a pas à revenir sur les constatations matérielles faites par les juges de première instance ou d'appel, juges du fond ; elle n'a qu'à examiner s'il a été fait une juste application de la loi, les faits sur lesquels s'appuie le jugement étant tenus pour constants.

Si l'on décompose ce qui se passe avant toute condamnation à des dommages-intérêts, on remarque que les juges du fond doivent se poser une triple question : 1º les faits qui leur sont déférés existent-ils ou ont-ils

peut que les parties entre lesquelles un premier jugement a été rendu étant venues à mourir, leurs héritiers ignorent ce jugement et recommencent le procès ; le tribunal, ne se rappelant pas son premier jugement, peut fort bien rendre une sentence différente de la première. Si l'héritier de la partie qui avait triomphé dans le premier procès retrouve plus tard le premier jugement, ce sera, non par un recours en cassation, mais par voie de *requête civile* adressée au tribunal même qu'il demandera l'annulation du second jugement comme inutile puisqu'il y avait chose jugée au moment où il a été rendu.

14

existé ; — 2º constituent-ils une faute suffisante pour emporter la responsabilité de leur auteur ; — 3º quel est le montant de l'indemnité que le coupable devra payer pour réparer le dommage par lui causé.

Quand l'affaire est portée en cassation, la Cour suprême ne contrôle donc pas si la solution donnée à la première question est conforme à la vérité ; sur les appréciations formulées dans les deux derniers ordres d'idées, son pouvoir est différent.

Il appartient d'abord à la Cour de cassation de décider si les faits définitivement constatés par les Cours et les Tribunaux constituent une faute qui puisse engager la responsabilité du notaire. Il y a là une question de droit qui, après avoir été résolue par les juges du fait, doit être examinée à nouveau par les juges du droit (1). La Cour de cassation ne fait qu'apprécier les conséquences légales des faits reconnus constants par les juges du fond, conformément à ses pouvoirs essentiels (2).

Cela n'a pas toujours été admis par la Cour de cassation qui, dans de nombreux arrêts (3), prétendit que la question de l'existence de la faute était une question de fait souverainement résolue par les tribunaux infé-

---

(1) MOURLON, *Répétition sur la procéd. civile*, nº 690.

(2) SOURDAT, *op. cit.*, nº 461 et 464 quater.

(3) Cass. (req.), 19 juin 1850 (S., 51, 1, 123). — Cass. (req.), 3 août 1858 (S., 58, 1, 817). — Cass. (req.), 28 nov. 1860 (S., 61, 1, 967). — Cass. (req.), 4 janv. 1864 (*Journ. des not.*, 17926). — Cass. (req.), 5 fév. 1872 (S., 72, 1, 386). — Cass. (req.), 2 avril 1872 (S., 72, 1, 109).

rieurs. Mais aujourd'hui, la jurisprudence de la Cour
de cassation semble établie en sens contraire : elle
estime que l'examen portant sur la question de savoir
si l'action ou l'omission reprochée au notaire présente
ou non un caractère licite relève bien du domaine du
droit et rentre par suite évidemment dans ses attributions.

En conséquence, il est indispensable que les jugements rendus en matière de responsabilité exposent
aussi complètement que possible les faits d'où découle
la condamnation afin que la cour régulatrice puisse
exercer son droit de contrôle. Ainsi, un arrêt du 30 mai
1881 (1) a cassé un jugement du tribunal de Cambrai
du 11 mai 1879, qui s'était contenté de déclarer dommageables certains faits imputés au notaire, mais sans
préciser suffisamment le caractère ni le degré de la
faute.

Quant au montant des dommages-intérêts il a toujours été décidé qu'il est souverainement déterminé
par les juges du fond parce qu'il est le résultat d'une
appréciation de fait. Cependant il est évident que si la
Cour de cassation déclare la faute inexistante, elle
devra annuler par voie de conséquence la condamnation prononcée ; et même en cas de faute parfaitement
établie, elle pourra casser le jugement s'il n'est manifestement pas proportionné à la faute reconnue. C'est

(1) Cass., 30 mai 1881 (D. 81, 1, 441).

ainsi que l'arrêt du 30 mai 1881, que nous venons de citer, portait cassation du jugement du tribunal de Cambrai pour cet autre motif qu'après avoir constaté une faute commune au notaire et à son client, il condamnait néanmoins le notaire à indemniser ce dernier de la totalité du préjudice souffert.

CHAPITRE III

———————

La loi du 22 juillet 1867 (art. 4 et 5) ayant aboli la contrainte par corps en matière civile, le notaire ne peut plus aujourd'hui être soumis à cette voie d'exécution que si le fait qui lui est reproché revêt les caractères d'un crime ou d'un délit d'une contravention, et à la condition que l'existence de l'infraction ait été reconnue au préalable par la juridiction criminelle.

D'autre part l'article 33 de la loi de Ventôse assujettit les notaires à un cautionnement « spécialement affecté à la garantie des condamnations prononcées contre eux par suite de l'exercice de leurs fonctions » et l'article 2102 du Code civil ajoute : « les créances privilégiées sur certains meubles sont :.... 7° les créances résultant d'abus et de prévarications commis par les fonctionnaires publics dans l'exercice de leurs fonctions, sur les fonds de leur cautionnement et sur les intérêts qui peuvent être dûs ».

Les personnes qui auraient fourni les fonds servant au cautionnement auraient également un privilège sur ce cautionnement, conformément au décret du 22 décembre 1872 ; mais leur privilège ne viendrait qu'après celui des personnes désignées dans les articles 33 de la loi de Ventôse et 2102 § 7 du Code civil.

Quelles sont donc les personnes désignées dans ces dispositions législatives ? Si l'on s'en tenait aux termes de l'article 2102 du Code civil, on pourrait croire que seuls ont un privilège ceux qui ont souffert de quelque délit, commis avec intention par le notaire et *dans l'exercice même de ses fonctions*, par exemple d'une violation voulue des règles relatives à la rédaction des actes.

Mais il résulte de l'article 33 de la loi de Ventôse que le cautionnement est affecté à la garantie de toute condamnation prononcée contre les notaires *par suite de l'exercice de leurs fonctions ;* et la doctrine et la jurisprudence s'accordent à reconnaître que le privilège est attaché aux condamnations résultant de tous les *faits de charge*, c'est-à-dire des actes accomplis par le notaire comme se rattachant essentiellement à ses fonctions ; ainsi il y aura fait de charge dans le détournement des sommes remises au notaire pour acquitter les droits d'enregistrement, dans la perte même involontaire d'un acte déposé en son étude.

Au contraire, les fautes commises par le notaire dans des opérations qu'il accomplit en dehors de l'exercice légal de ses fonctions et à cause d'une mission de confiance dont on l'a chargé ne peuvent faire naître un privilège sur le cautionnement. En conséquence, les sommes qu'on lui remet pour opérer un placement, constituant un dépôt volontaire, leur détournement n'est pas un fait de charge et ne donne pas lieu au privilège.

Comment s'exerce le privilège sur le cautionnement? La marche à suivre est indiquée par la loi du 25 Nivôse an XIII (art. 2) : « Les réclamants seront admis à faire sur ces cautionnements des oppositions motivées soit directement à la caisse d'amortissement, soit aux greffes des tribunaux dans le ressort desquels les titulaires exercent leurs fonctions ; savoir pour les notaires.... aux greffes des tribunaux civils.... ».

CONCLUSION

Nous avons eu trop d'occasions de montrer l'excessive rigueur dont usent les tribunaux à l'égard des notaires pour avoir besoin de beaucoup insister sur ce point. Sans doute ce sont les écarts de conduite, les défaillances et même les crimes de quelques membres de ce corps autrefois si justement respecté qui ont donné lieu à ce déploiement de sévérité. Mais nous avons pu remarquer que beaucoup de sentences atteignaient même des notaires qui s'étaient parfaitement acquittés de tous leurs devoirs et n'étaient coupables d'aucune faute. Au lieu d'appliquer exactement la règle de la loi de Ventôse qui ne voulait même pas qu'on rendît sans pitié le notaire responsable de sa moindre négligence, dans l'exercice de ses fonctions, on a préféré, au contraire, accumuler sur la tête de cet officier public les charges les plus variées, ne se rattachant que de loin à sa profession et lui demander raison de tous ses manquements à des obligations ainsi multipliées. On pensait sans doute donner de cette façon plus de garanties au public et rassurer celui-ci contre les éventualités d'un préjudice quelconque qui proviendrait plus ou moins directement du fait du notaire.

Hélas ! loin d'obtenir ce résultat, ces mesures dra-
coniennes ont contribué pour leur part à enlever
la confiance que quelques catastrophes scandaleuses
avaient déjà fortement ébranlée. En voyant si souvent
condamnés des fonctionnaires sur la probité desquels
ils avaient toujours compté, les particuliers hésitent à
recourir à leur ministère quand ils peuvent s'en passer ;
ils se contentent de consigner leurs conventions dans
des actes sous seing privé qui présentent l'avantage
immédiat d'être moins coûteux que les actes authentiques. Les statistiques montrent que le nombre des
actes dressés par les notaires diminue de plus en plus.
Des rapports publiés chaque année par le ministère de
la Justice, il résulte que le nombre des actes notariés
qui s'élevait en 1881 à 3,305,456 n'est plus en 1887
que de 3,136,132 ; en 1889, il tombe à 3,014,359 et
en 1894 il n'est plus que de 2,915,793. En 1895, qui
est la dernière statistique publiée, le nombre des actes
notariés n'est plus que de 2,873,024, soit une différence en moins de 42,769 sur l'année précédente et
de 432,423 avec l'année 1881 (1).

En ces dernières années différents moyens ont été
tentés pour arrêter le discrédit où tombait le notariat.

Les décrets des 30 janvier et 2 février 1890 sur la
comptabilité notariale et le récent tarif légal établi par
le décret du 25 août 1898, manifestent encore l'état de

(1) Rapporté dans le répertoire de DEFRÉNOIS (No du 15 juin 1878,
art. 10135).

suspicion dans lesquels sont tenus les notaires, mais enfin ils ont apporté des réformes désirées depuis longtemps et qui pourront rendre service aux notaires en leur permettant de rendre pour ainsi dire palpable la correction de leur façon d'agir.

Il y a bien encore des améliorations à apporter à l'organisation du notariat : les unes, comme la suppression de la vénalité des charges, la réduction du nombre des petites études, la suppression des trois sortes de classes, se heurtent à des obstacles qui les retarderont probablement longtemps ; d'autres, comme l'obligation pour les candidats au notariat de justifier de leur capacité par l'obtention de certains grades universitaires ou par un examen spécial subi sur les connaissances pratiques qu'ils auront dû acquérir pendant leur stage, sont d'une réalisation plus facile et sans doute prochaine.

La clientèle des notaires, un moment émue par quelques banqueroutes financières ou morales, reprendra alors son calme et sa sécurité ; dès maintenant garantie par des mesures aussi efficaces que possible contre les agissements coupables ou les imprudences de ces fonctionnaires, à l'abri de toute difficulté pour le règlement de leurs honoraires, cette clientèle, espérons-le, comprendra les avantages que peut encore lui procurer la vieille institution du notariat, aujourd'hui prémunie contre la moindre défaillance.

Souhaitons donc en terminant que les tribunaux n'entravent pas la réhabilitation de cette corporation par de mesquines vexations, mais qu'ils lui fassent la libérale application des principes judicieusement posés dans nos lois pour régler leur responsabilité.

Vu :

Le Président de la thèse :

CR MASSIGLI.

Vu :

Le Doyen,

GARSONNET.

Vu et permis d'imprimer :

Le Vice-Recteur de l'Académie de Paris,

GRÉARD.

BIBLIOGRAPHIE

Amiaud. *Traité formulaire général du notariat* (Paris, 1890).

Aubry et Rau. *Cours de droit civil français* (4ᵉ édit.).

L. Avignon. *Des origines du notariat et de la responsabilité des notaires envers leurs clients* (Grenoble, 1882).

Augan, *Cours de notariat* (Paris, 1846).

Victor Bachelez. *Responsabilité civile des notaires* (Paris, 1894).

Emile Bauby. *Traité théorique et pratique de la responsabilité civile des notaires* (Paris, 1894).

Baudry-Lacantinerie. *Précis de droit civil* (5° édit.).

René Bellanger. *De la responsabilité des notaires* (Paris, 1892).

Édouard Clerc. *Formulaire général du notariat* (Paris, 1881).

Defrénois. *Traité pratique et formulaire général du notariat* (Paris, 1896).

Demolombe. *Cours de Code Napoléon* (7ᵉ édit.).

Drouart. *De la responsabilité des notaires* (Rennes, 1879).

Eloy, *Traité de la responsabilité des notaires et de la discipline notariale* (Paris, 1873).

Emond. *Responsabilité civile des notaires* (Paris, 1892).

François Ernout. *De la responsabilité des notaires dans les placements hypothécaires* (Caen, 1889).

Favard de Langlade, *Répertoire de la nouvelle législation civile, commerciale et administrative* (Paris, 1823).

Favard de Langlade. *Répertoire de la législation du notariat* (Paris, 1829).

Claude de Ferrière. *La science parfaite des notaires ou le Parfait notaire* (Paris, 1752).

Claude de Ferrière. *Dictionnaire de Droit et de Pratique* (Paris, 1768).

Paul Fonbené. *De la responsabilité civile des notaires en droit français* (Bordeaux, 1878).

L. Gagneraux. *Commentaire de la loi du 25 Ventôse an XI* (Paris, 1834).

L. Gagneraux. *Encyclopédie des lois et règlements sur le notariat* (Paris, 1839).

Laurent. *Principes de droit civil français.*

Ledru. *La Clef du notariat* (Paris, 1844).

Loret. *Éléments de science notariale* (Paris, 1807).

Massé. *Parfait notaire* (Paris, 1827).

Merlin. *Répertoire universel et raisonné de jurisprudence* (Paris, 1827).

Micha. *De la responsabilité des notaires* (Bruxelles, 1883).

Mourlon. *Répétitions écrites sur le Code Napoléon* (3ᵉ édit.).

Mourlon et Jeannest Saint-Hilaire. *Formulaire général à l'usage des notaires, juges de paix, avoués, huissiers, greffiers et officiers de l'état civil* (Paris, 1882).

Pagès. *De la responsabilité des notaires* (Montpellier-Paris, 1843).

Paul Pont. *Dissertation sur la responsabilité des notaires en matière de mandat,* dans la « *Revue critique de législation* », t. VII, p. 35 et s.

Rolland de Villargues. *Code du notariat* (Bruxelles, 1851).

Rutgeerts et Amiaud. *Commentaire de la loi du 25 Ventôse an XI* (Bruxelles-Paris, 1884).

Charles Sainctelette. *De la Responsabilité et de la Garantie* (Bruxelles-Paris, 1884).

Charles de Saint-Pol. *Réforme du notariat* (Nice, 1889).

Sourdat. *Traité général de la Responsabilité ou de l'action en dommages-intérêts en dehors des contrats* (Paris, 1876).

Henri Stévenart. *Principes de la responsabilité civile des notaires* (Bruxelles, 1890).

Charles Vergé. *De la responsabilité des notaires,* dans le *Formulaire du notariat* d'Edouard Clerc (Paris, 1881).

Journal des Notaires et des Avocats.

Journal du notariat.

Journal du Palais.

Pandectes françaises périodiques.

Répertoire périodique de **Defrénois.**

Revue critique de législation et de jurisprudence.

Revue du notariat et de l'enregistrement.

TABLE DES MATIÈRES

Saint-Brieuc. — Imprimerie Francisque GUYON, rue Saint-Gilles. — 330-2-99.

www.ingramcontent.com/pod-product-compliance
Lightning Source LLC
Chambersburg PA
CBHW030314220326
41519CB00068B/2446